國語國文學叢書 090

同文類解

학자원

국어국문학총서 90
同文類解

2018년 9월 15일 초판 1쇄 발행

저　자 : 玄文恒
펴낸이 : 김병환
펴낸곳 : 학자원
주　소 : 134-814 서울시 강동구 천호대로 1121
전　화 : 02) 6403-1000
팩　스 : 02) 6338-1001
E-mail : hakjaone@daum.net
등　록 : 2011년 3월 24일 제324-2011-14호

HAKJAONE Publishing Co.
1121 Cheonho-Daero Kangdong-Gu Seoul

ISBN : 979-11-6247-059-6 93810

값 35,000원

同文類解

乾

同文類解

乾

同文類解目錄

上卷

同文類解上

天文

天道 하ᄂᆞᆯ ○압카

蒼天 ㅣㅣ ○뇨혼 압카

天文 ㅣㅣ ○압캐 슈

天變 ㅣㅣ ○압캐 쿠부린

天變了 ㅣㅣᄒᆞ다 ○압카 어허러허

天河 은하슈 ○숭가리 비라

天涯 하ᄂᆞᆯᄀᆞᆺ ○압캐 부던

日頭 ᄒᆡ ○슌

日光 ᄒᆡᆺ빗 ○슌 이 얼던

日出 ᄒᆡ나다 ○슌 투치커

日頭上了 ᄒᆡ돗다 ○슌 묵더커

日昃 ᄒᆡ기우다 ○슌 울후허 一云슌 컬빙허

日暈 ᄒᆡᆺ모로ᄒᆞ다 ○슌 콰라하

日珥 ᄒᆡ귀엿골ᄒᆞ다 ○슌 샤나하비

日蝕 ㅣㅣᄒᆞ다 ○슌 졉비

日頭落了 ᄒᆡ디다 ○슌 투허커

月兒 돌 ✓바

月華 돌빗 ✓바 이 울。던

月亮 돌붉다 ✓바 경견 一云 바 거훈

月暈 돌모로ᄒᆞ다 ✓바 콰라하

月蝕 ㅣㅣᄒᆞ다 ✓바 졈비

月兒落了 돌디다 ✓바 와시카

星 별 ✓우시하

樞星 ㅣㅣ ✓하다하 우시하

七星 북두셩 ✓나단 우시하

三台星 ㅣㅣㅣ ✓이란 불혼이 우시하

參星 ㅣㅣ ✓일。마후 우시하

明星 새별 ✓둘갸 우시하

彗星 ㅣㅣ ✓쉬 우시하

箒幕星 昴星 ✓얼。쿠 우시하

雲 구룸 ✓투기

浮雲 ㅣㅣ ✓너러 투기

彩雲 ㅣㅣ ✓보총고 투기

霞 노올 ✓학사하 一云 쟉산 투기

火雲 노올디다 ✓투기 학사하 一云 쟉사카비

霧 안개 ✓탈。만

下霧 안개디다 ○탈。마카

霧濃 안개즈옥ᄒᆞ다 ○룩 슈머 탈。마카

雷 우레 ○악잔 ○又霹靂

雷鳴 우레ᄒᆞ다 ○악 쟘비

天鼓鳴 天動ᄒᆞ다 ○압카 둘검비

雷打了 벽녁ᄒᆞ다 ○악잔 다림비

電 번게 ○탈。갼

打閃 번게ᄒᆞ다 ○탈。걈비

雨 비 ○아가

雨點 비듯다 ○아가 삼담비

下雨 비오다 ○아가 감비

細雨 ㅣ ㅣ ○셜 슈러 아가

雨霏霏 비부술부술오다 ○부수 부수 아감비

驟雨 쇠나기 ○욱。선 욱。선 이 아가

傾盆雨 비붓ᄃᆞ시오다 ○홍거러머 一云투라머 아감비

霖雨 댱마 ○실커 아가

下霖雨 댱마디다 ○실커더머 아감비

天杠 무지게 ○뇨。론 一云뇰。문

虹現 무지게셔다 ○뇨。론 고치가

虹消 무지게스다 ○뇨。론 삼시하

露水 이슬 ○시렁기

霜 서리 ○거쳔

霜旱 서리이르다 ○거쳔 얼더

花霜 산고ᄃᆡᄒᆞ다 ○숑거빙又毛髮에셔어다

雪花 눈ㅅ발 ○랍산

米雪 ᄊᆞᆯ눈 ○사츄

下雹子 무뤼오다 ○보놈비

起風 ᄇᆞ람니다 ○어둔 더더허

風住 ᄇᆞ람머즉ᄒᆞ다 ○어둔 토로쿄

旋窩風 회로리ᄇᆞ람 ○수 어둔

下露水 이슬오다 ○시렁기 와시카

霜打了 서리티다 ○거쳔 거쳠비

霜晩 서리늣다 ○거쳔 시타하

雪 눈 ○니망기

下雪 눈오다 ○니마람비

氷雹 무뤼 ○보노

風 ᄇᆞ람 ○어둔

刮風 ᄇᆞ람부다 ○어둔 담비

風息 ᄇᆞ람자다 ○어둔 나카하

東開了 동트다 ○아릳 쟈카라하

晨光現 먼동트다 ○울。더커

天亮了 새다 ○거러커

太陽 볃 ○뱌쟌

照了 빗취다 ○얼。더커

陰 그늘 ○섭드리

天陰 하놀흐리다 ○압카 툴。후섬비

時令

春 봄 ○녕녀리

秋 ㄱ올 ○보로리

日 날 ○이녕기

曉頭 새벽 ○걸시 벌시

平明 ㅣㅣ ○거훈 거러커

暎射 희ㅅ빗쏘이다 ○보쇼쿄

影兒 그림자 ○헐。먼

背陰處 음달 ○실。먼

晴了 개다 ○가라카

夏 녀름 ○쥬와리

冬 겨올 ○투워리

今日 오놀 ○어녕기

今朝 오ᄂᆞᆯ아ᄎᆞᆷ ○어러 치마리

昨日 어제 ○식서

明日 ᄂᆡ일 ○치마하 이녕기

翌日 이튼ᄂᆞᆯ ○재 이녕기

前日 그젓긔 ○챠낭기

後日 모ᄅᆡ ○쵸로

大後日 글픠 ○재 쵸로

終日 ᄒᆡ디도록 ○슌 투허러러

日長 ᄒᆡ기다 ○이녕기 상가비

日短 ᄒᆡ뎌르다 ○이녕기 보호론

日後 ㅣㅣ ○아마가 이녕기

初一站 초ᄒᆞᄅᆞ ○이쳐 이녕기

十五站 보롬ᄂᆞᆯ ○토보혼 이녕기

上弦 첫조곰 ○워시욘 이 혼토호

下弦 후ㅅ조곰 ○와시훈 이 혼토호

盡頭 그ᄆᆞᆷ ○구신 이녕기

月盡 ᄃᆞᆯ그무다 ○뱌 마나라

大盡 ᄃᆞᆯ크다 ○뱌 암반

小盡 ᄃᆞᆯ젹다 ○뱌 오소혼

年 ᄒᆡ ○아냐

今年 ㅣㅣ ○어러 아냐

當年 그희 ○이녀쿠 아냐

去年 샹년 ○두러커 아냐

前年 그럿긔 ○챠라 아냐

明年 리년 ○지더러 아냐 一云잇훈 아냐

豐年 ㅣㅣ ○얼힌 아냐 一云바얀 아냐

凶年 ㅣㅣ ○하지 아냐

整年 온희 ○아냐 후시머

朞年 ㅣㅣ ○바룬 아냐

年前 ㅣㅣ ○아내 옹고로

本命年 환갑희 ○얼권 이 아냐

正月 ㅣㅣ ○아냐 뱌

二月 ㅣㅣ ○쥬워 뱌 餘皆倣此

十一月 동지ㅅ돌 ○옴숀 뱌

十二月 섯돌 ○졸곤 뱌

閏月 ㅣㅣ ○아나간 이 뱌

正朝 설날 ○아냐 이넝기

元宵 正月보롬날 ○하친 이 이넝기

立春 ㅣㅣ ○녕녀리 도심비

春分 ㅣㅣ ○녕녀리 두린

清明ㅣㅣ○항시 ○又寒食

芒種ㅣㅣ○망올호 우서넘비 一云매스 우럼비

端午ㅣㅣ○순쟤 배 쇼쟈

初伏ㅣㅣ○수츙가 뷰

中伏ㅣㅣ○두림바 뷰

末伏ㅣㅣ○와지마 뷰

處暑ㅣㅣ○할훈 버드럼비

仲秋節 츄셕 ○쟈쿤배 돕오훈

冬至ㅣㅣ○투워리 던

臘八 납향날 ○놀몬 이 이넝기

除夕ㅣㅣ○버 얌지

時節ㅣㅣ○분

時 새 ○어린

刻ㅣ○커

朝夕ㅣㅣ○얌지 치마리

早朝 아침 ○치마리

早了 이르다 ○얼더

白日 白晝 ○이넝기 슌

晌午 낫 ○이넝기 두린

晚晌 늣다 ○피다하

夕陽 —— ○얌짓훈

晩上 져녁 ○얌지

晩了 져므다 ○얌지하

黃昏 —— ○걸헌 무쳐머

昏了 어둡다 ○발훈 오호

黑夜 밤 ○도보리

夜半 밤ㅅ듕 ○도보리 두린

整夜 온밤 ○도보뇨

通宵 새도록 ○거러더러

連夜 —— ○도보리 두리머

人定 —— ○얌지 탕구 깅

晨鍾 罷漏 ○거런더러 탕구 깅

更 — ○깅

打更 경뎜티다 ○깅 보림비

頭更 초경 ○우쥐 깅

二更 —— ○재 깅

三更 —— ○이라치 깅 ○餘皆倣此

陰陽 —— ○인 양

五行 —— ○순쟈 버런

古 녜 ○쥴거

今 이제 ○터

當今 ㅣㅣ ○테 쟈란

世代 ㅣㅣ ○쟈란 ○又世系

運氣 運 ○불픈 ○又節候

暖和 ᄃᆞᄉᆞᄒᆞ다 ○하루관

熱啊 通稱 덥다 ○할ᅌ훈

酷熱 모디리 덥다 ○뱌갸머 할ᅌ훈

熅熱 무덥다 ○훅ᅌ타머 할ᅌ훈

冷啊 通稱 ᄎᆞ다 ○샤후룬

嚴寒 ㅣㅣ ○챠 슈러 베ᅌ권

涼快 서늘ᄒᆞ다 ○설ᅌ권

陰冷 ㅣㅣᄒᆞ다 ○싱견

寒冷 칩다 ○베ᅌ권

凍了 어다 ○거쳠비

消了 녹다 ○웡거

天旱 ᄀᆞ무다 ○햐

甲 ㅣ ○ᅌ쟝갼

乙 ㅣ ○뇨ᅌ혼

丙 ㅣ ○불ᅌ갼

丁 ㅣ ○부라훈

戊 ㅣ ○ 슈얀　　己 ㅣ ○ 소혼

庚 ㅣ ○ 샹갼　　辛 ㅣ ○ 샤훈

壬 ㅣ ○ 사하랸　　癸 ㅣ ○ 사하훈

子 ㅣ ○ 싱거리　　丑 ㅣ ○ 이한

寅 ㅣ ○ 탓하　　卯 ㅣ ○ 굴。마훈

辰 ㅣ ○ 무두리　　巳 ㅣ ○ 메허

午 ㅣ ○ 모린　　未 ㅣ ○ 호닌

申 ㅣ ○ 뵤。　　酉 ㅣ ○ 쵸코

戌 ㅣ ○ 인다훈　　亥 ㅣ ○ 울。갼

地理

地頭 ᄯᅡ ○나

地理 ㅣㅣ ○나 이 갼

地脈 ㅣㅣ ○나 이 쥰

地凸 ᄯᅡ두두록ᄒᆞ다 ○나 누후

地凹 ᄯᅡ우목ᄒᆞ다 ○나 누하랸

地皮 峭ᄯᅡ소올 起더다 ○나 부러녀허비

地廣 ᄯᅡ광활ᄒᆞ다 ○바 러리

光厰地 뷘ᄯᅡ ○쾅타훈 바

沙石地 사셕만잇ᄂᆞᆫᄯᅡ ○용갼 워허 놓호 바

陷泥地 존펴리 ○리방쿠

泥濘 즈다 ○리밤비

地動 디진ᄒᆞ다 ○나 아ᅀᆞᆼ샴비

去處 곧 ○바ᅌ 又十里之里

山 ㅣ ○아린

山峯 뫼ㅅ봉 ○아린 이 무루

山崗 뫼ㅅ부리 ○아린 이 지둔

山坡 뫼ㅅ비탈 ○아린 이 머벙허

山谷 뫼ㅅ골 ○아린 이 호로

嶺頭 재 ○다바간 ○又고개

壑 굴헝 ○요호론

窟 굴 ○둥
窟籠 通稱 구무 ○상가

獸穴 즘싱의구무 ○여루
小獸穴 져근즘싱의구무 ○쥬룬

巖頭 바회 ○하다
陡壁 석벽 ○벼러쿠

懸崖 절벽 ○엉거러약
石頭 돌 ○워허

砑石 쟉별 ○쟈하리
丘陵 두던 ○무후 一云뭉간

岸頭 언덕 ○치킨
響應 뫼아리ᄒᆞ다 ○우람비

土 ᄒᆞᆰ ○뵈혼
土塊 ᄒᆞᆰ덩이 ○달ᄋᆞ간 뵈혼

淤泥 개ᄒᆞᆰ ○할후 뵈혼
沙 모래 ○용간

塵埃 틧글 ○부라키
征塵 ㅣㅣ ○토론ㅇ又발자곡

糞土 두험 ○야후연
野甸子 드르 ○비간

平啊 평ᄒᆞ、다 ○너친

高啊 놉다 ○뎐

江ㅣ ○걍

湖ㅣ ○후

海島子 셤 ○툰

溪 시내 ○빌간

澤 웅덩이 ○하리

津頭 ᄂᆞᄅᆞ、○도곤

浦 개 ○쥽기

井 우믈 ○후친

險啊 험ᄒᆞ、다 ○햑산

低啊 ᄂᆞᆺ다 ○방가라

海 바다 ○머더리

潭 소 ○쥬텨 一云퉁우

川 내 ○비라

池塘 못 ○오모

堰ㅣ ○다란

灘裏 여흘 ○이탄

馬頭 션창 ○다룬

淘井 우믈츠다 ○후친 쇼돔비

瀑布 ㅡㅡ ○투라라 셔리 一云투라쿠

泉 심 ○셔리

湧出 소사나다 ○졸。홈비 一云불。홈비

水 믈 ○무커

水源 믈근원 ○무케 서켠

水派 믈가리 ○무케 갈간

水波浪 믈ㅅ결 ○볼。존

水流 흐르다 ○어염비

死水 괸믈 ○터허 무커

潮水 밀믈 ○불긴

潮上 믈미다 ○무커 칠。치카

潮退 믈혀다 ○무커 헉여쳐허 一云무커 끄치카

水溢 믈넘다 ○무커 더버커오쇌허부

水漲 시위나다 ○무커 빌。터커

水沫子 믈거품 ○무케 오봉기

水泡 믈방올 ○무케 호봅운

水面 믈우 ○무케 외로

水底 믈밋 ○무케 버러

水涸 믈ᄆᆞᄅᆞ다 ○무커 밤비

水決 믈터지다 ○무커 선더저허

決水 물트다 ○무커 선더럼비

注水 물붓다 ○무커 도람비

傾水 물쏫다 ○무커 쉬탐비

灌水 물흘리다 ○무커 홍커럼비

歪水 물ᄯᅳ다 ○무커 왜담비

水撒了 물업티다 ○무커 시삼비

溝 기천 ○우란

擦了 끌항츠다 ○왈담비

深 깁다 ○슈민

淺 엿다 ○미치햔

清 ᄆᆞᆰ다 ○겅련○又ᄇᆞᆰ다

濁 흐리다 ○두랑기

浮 ᄯᅳ다 ○덕。덤비

沉 ᄌᆞᆷ기다 ○이룸비

渡水 건너다 ○돔비

泅水 헤음ᄒᆞ다 ○설。빔비

汆水 무조의악ᄒᆞ다 ○부림비

淹了 ᄲᅡ디다 ○성서럼비

牲口泅水 즘싱헤음ᄒᆞ다 ○너럼비

冰 어름 ○쥬허

氷凍 어름어다 ○쥬허념비

合氷 ㅣㅣᄒᆞ다 ○쥬허 쟈바하

滑了 믯그럽다 ○닐。후담비

浮萍 ㅣㅣ ○녹소

西巴刺 西 ○왈기 一云 슌 투허러 얼기

北巴刺 北 ○아말기

下頭 아릭 ○버지러 一云 버절기

中間 ᄉᆞ이 ○시던

右 ㅣ ○이치

向前 압ᄒᆞ로 ○쥬러시

氷縷 살어름디다 ○찰치나하비

結澌 성에디다 ○홍코노머 거쳐허

青苔 잇기 ○뇰。몬

東巴刺 東 ○덜기。又上 一云 슌 덕더러 얼기

南巴刺 南 ○쥬럴기

上頭 우히라 ○닝우 一云 더러

當中 가온대 ○두림바

左 ㅣ ○하ᄉᆞ후

前 압 ○쥬러리

後 뒤 ○아마라

向後 뒤ᄒᆞ로 ○아마시

裏頭 안 ○도로○又속

內面 안편 ○돌기

從內 안ᄒᆞ로 ○도시○又들라

向裏面 속으로 ○도로리 一云돌기 드리

外頭 밧 ○투러 一云투러리

外邊 밧편 ○투럴기

外面 ㅣㅣ ○외로

這邊 이편 ○어버러

那邊 져편 ○챠라

傍邊 ᄀᆞ ○달ᄋ바 一云다린

傍巴剌 겯 ○달ᄋ바키

四方 ㅣㅣ ○된 호쇼

四面 ㅣㅣ ○된 더러

四邊 네녁 ○된 얼기

沿邊 ㅣㅣ ○쟈서 운두리

上巴剌 웃텩 ○더러

下巴剌 아ᄅᆡㅅ텩 ○와라

人倫

始祖 ㅣㅣ ○부진 마바

高祖父 ㅣㅣㅣ ○다 마바

曾祖父 ㅣㅣㅣ ○옹구 마바

祖父 ㅣㅣ ○마바 ○或稱老人之辭

親 어버이 ○나만

父親 ㅣㅣ ○아마

繼母 ㅣㅣ ○시라머 어녀

養父 ㅣㅣ ○우지허 아마

伯母 몯아ᄌᆞ비쳐 ○아무

叔母 아ᄌᆞ비쳐 ○우후머 一云오거

祖宗 ㅣㅣ ○마바리

高祖母 ㅣㅣㅣ ○다 마마

曾祖母 ㅣㅣㅣ ○옹구 마마

祖母 ㅣㅣ ○마마 ○或稱老婦之辭

雙親 ㅣㅣ ○쥬루 나만

母親 ㅣㅣ ○어녀 一云어머

嫡母 ㅣㅣ ○징키니 어녀

伯父 몯아ᄌᆞ비 ○암지

叔父 아ᄌᆞ비 ○어치거 一云엇헌

姑母 ㅣㅣ ○구

姑夫 姑母夫 ○구부

當家的 지아비 ○에건

正娘子 쳐 ○살간

後妻 ㅣㅣ ○시라며 개하 살간

出娘子 棄妻ᄒᆞ다 ○살간 호콤비

娘家 쳐가 ○단찬 이볼

哥哥 형 ○아훈

兄弟 아ᄋᆞ ○더무

嫂子 형의쳐 ○아샤

小嬸 아ᄋᆞ의쳐 ○우헌

姐姐 몯누의 ○어윤 一云거거

姐夫 몯미부 ○어부

妹子 아ᄋᆞ누의 ○논

妹夫 아ᄋᆞ미부 ○머여

兒子 ᄌᆞ식 ○쥐

男子 아ᄃᆞᆯ ○하하 쥐

媳婦 며ᄂᆞ리 ○우룬

女兒 ᄯᆞᆯ ○살간 쥐 又계집아ᄒᆡ

女婿 사회 ○호지혼

贅婿 ᄃᆞ린사회 ○후순 이 호지혼

長子 ㅣㅣ ○아훙가 쥐

晩生子 앗티아돌 ○방구 쥐

遺腹子 ㅣㅣ ○아나쿠 쥐

孫子 ㅣㅣ ○오모로

曾孫 ㅣㅣ ○재 쟈란 이 오모로

外祖父 ㅣㅣ ○고로 마방 一云도로 마방

母舅 외삼촌 ○낙츄

姨母 ㅣㅣ ○더허머

公公 싀아비 ○암하○又妻父

大伯 묻싀아조비 ○거

次子 ㅣㅣ ○쟈친 쥐

雙生子 ㅣㅣ ○캬방가 쥐

姪兒 족하 ○아훈 두이 쥐

外孫 ㅣㅣ ○살간 쥐이 쥐

玄孫 ㅣㅣ ○오모뢰 오모로

外祖母 ㅣㅣ ○고로 마마 一云도로 마마

舅母 외삼촌의쳐 ○허허 낙츄

姨夫 姨母夫 ○더허마

婆婆 싀어미 ○엄허○又妻母

小叔 아ᄋ싀아조비 ○어셔

大姑 몯싀누의 ○에건이 어윤

小姑 아ᅌᆞ싀누의 ○에건이 논

大舅子 몯쳐남 ○살간이 아훈

小舅子 아ᅌᆞ쳐남 ○살간이 뎌

大姨 妻兄 ○살간이 어윤 一云거거

小姨 妻弟 ○살간이 논 一云바샤

連襟 동셰 ○커리

妯娌 계집동셰 ○아샤 우헌

同生 ── ○반지하 아훈 뎌

親兄 ── ○반지하 아훈

阿哥 형아ᄒᆞᆫ논말 ○아거ᄋ 又오라비

親戚 겨레 ○무쿤

同姓 ── ○어무 하라

異姓族 겨레── ○탈시 냐만

遠族 먼겨레 ○알ᄋ당가 욱순

親眷 親戚 ○냐만 훈치힌

後代 後裔 ○어넌

庶母 ── ○거린 어티

乳母 ── ○후훈이 어티 一云머머 어티

小娘子 쳡 ○아시하 살간 一云워러약

人品

偏傍兒子 첩아돌 ○ 달ᄋ바기 쥐

尊長 ㅣㅣ ○ 웅가 쟈란

孩子 童子 ○ 부야 쥐

朋友 벗 ○ ᄋ구츄

交友 벗사괴다 ○ ᄋ구츄럼비

夥計 동모 ○ 호기

姓 ㅣ ○ 하라

同名 ㅣㅣ ○ 칠ᄋ바

別號 ㅣㅣ ○ 쵸로

婚家 사돈 ○ 사둔

等輩 항렬 ○ 어무 쟈란

孩子們 아희들 ○ 쥬서

路伴 길벗 ○ 안다

深交結 기피사괴다 ○ 뱌림비

同年們 同類 ○ 두와리

名子 일홈 ○ 거부

表字 자 ○ 두겨허 거부

人 사ᄅᆞᆷ○낳。마

聖人 ㅣㅣ○언두링거 낳。마

賢人 ㅣㅣ○새사

君子 ㅣㅣ○암바사 새사

士 션비○빈헤 낳。마

名士 ㅣㅣ○거붕거 빈헤 낳。마

隱士 ㅣㅣ○소미하 새사

烈士 ㅣㅣ○지링가 새사

烈女 ㅣㅣ○쟈랑가 허허

秀才 ㅣㅣ○슈새

英雄 ㅣㅣ○바투루 캉갼

奸雄 ㅣㅣ○쟈링가 캉갼

豪傑 ㅣㅣ○캉갼

壯士 ㅣㅣ○수버퉁거

壯丁 ㅣㅣ○칙시카 하하

大丈夫 ㅣㅣㅣ○하하시 一云망가 하하

有道人 법도잇는사ᄅᆞᆷ○도롱표

太醫 의원○대부

畫官 畫員○니루러 낳。마

筭手 산원○보도로 낳。마

相士 샹보ᄂᆞᆫ사ᄅᆞᆷ ○치라 타카라 냘마
筭卦的 졈ᄒᆞᄂᆞᆫ사ᄅᆞᆷ ○야카 투와라 냘마
地士 디관 ○붕쉬 투와라 냘마
民家 빅셩 ○일건
漢子 ᄉᆞ나희 ○하하
女人 계집 ○허허
農夫 ‖ ○우신이 하하
閑人 ‖ ○수라 냘마
匹夫 ‖ ○엄터리 하하
鰥夫 ‖ ○얘긴 하하
寡婦 ‖ ○앙가시 허허
精細人 조셔ᄒᆞᆫ사ᄅᆞᆷ ○킴치쿠
小心人 조심ᄒᆞᄂᆞᆫ사ᄅᆞᆷ ○거러수
有記性的 총ᄒᆞᆫ사ᄅᆞᆷ ○어져수
矜勢人 셰쓰ᄂᆞᆫ사ᄅᆞᆷ ○더머시
奢侈人 샤치ᄒᆞᄂᆞᆫ사ᄅᆞᆷ ○맘갸쿠
打扮人 비오ᄂᆞᆫ사ᄅᆞᆷ ○마미샤쿠
奇性的 긔괴ᄒᆞᆫ이 ○알ᇰ둥가
執謬人 우기ᄂᆞᆫ이 ○무리쿠
村俗人 무디ᄒᆞᆫ이 ○알ᇰ바투

肯羞人 붓그림ᄐᆞᄂᆞᆫ사ᄅᆞᆷ ○기루투

肯忘人 니좀헐ᄒᆞᆫ사ᄅᆞᆷ ○옹고수

嘴碎人 존말ᄒᆞᄂᆞᆫ사ᄅᆞᆷ ○거졍기

反覆人 ｜｜｜ ○우바샤쿠

糊塗人 흐린사ᄅᆞᆷ ○훌히투

探知人 ｜｜｜ ○머더시

太監 고쟈 ○태갼

商賈 ｜｜ ○후다샤라 냘마

買賣人 시뎡 ○후더 냘마

樂工 아공 ○쿠문이 냘마

匠人 ｜｜ ○박시 ○或지간

木匠 지위 ○무쟌

泥水匠 미쟝이 ○니쉬 박시

冶匠 대뎡 ○히쟈 이 냘마

鏇匠 셕쟝이 ○후러 박시

獵户 산쟝이 ○붇해 냘마

水手 사공 ○챤 슈루러 냘마

溜夫 격군 ○할기더 우샤라 후순

漁夫 ｜｜ ○니마하 부타라 냘마

樵夫 나모ᄒᆞᄂᆞᆫ사ᄅᆞᆷ ○모 사치러 냘마

牙子 즈름 ○후다 아챠부러 냘마

保人 ㅣㅣ ○보지

男幫子 ᄉᆞ나희죵 ○아하

幫子們 죵들 ○아하시

廚子 슉슈 ○보하 다기라라 냘마

使喚人 ㅣㅣㅣ ○타쿨시

驛夫 역졸 ○갸문 이 후순

喂牲口的 즘싱머기ᄂᆞᆫ이 ○아두치

跟隨的 경지인 ○통교라쿠

養漢的 ᄀᆞᆫ나희 ○가리가

媒人 듕미 ○자라

干證人 증인 ○시던 이 냘마

女幫子 계집죵 ○너후

家口 집소솔 ○복 앙가라 一云뵈끈 앙가라

庄頭 ᄆᆞᄅᆞᆷ ○쟝투리

跟馬人 구죵 ○쿠투러

跑報人 파발 ○설기 一云우라치

耍子 광대 ○히스

妓女 기싱 ○기스 허허

花娘 이화냥 ○배쿠

刺客 ㅣㅣ ○버러러 안타하　僱工 교공이 ○투리허 후순

屠户 빅댱 ○울ᄒᆞ 와라 놓마　㕦化子 거ᇰ지 ○ᅌᅭ호토

身體

身子 몸 ○버여 ○或스스로　頭 마리 ○우쥬

頭腦 마리ᄉᆞ골 ○벙히　額顱 니마 ○셩긘

頦門 쉿구무 ○교로　争食窩 니통소 ○소비

髮際 살쎡 ○슈루　頭髮 마리털 ○부녀허

辮子 호송치 ○쓴쵸호　纘子 샹토 ○쇼쑨

分道子 마림자 ○서쳔　臉鳴 ᄂᆞᆺ ○더러

兩臉骨 광대쌔 ○불ᄋᆞᆯ친　腮頰 뺨 ○샥샤하

笑印 보죠개 ○무럔

眉毛 눈섭 ○배탄

眼 눈 ○야사

眼珠 눈망올 ○야새 방하

眼瞳 눈엣동ᄌᆞ ○호죠 방하

眼胞 눈두에 ○야새 욺순

眼眶 눈어엿 ○야새 훈타하

眼淚 눈믈 ○야새 무커

眼眵 눈꼽 ○야새 허여

眵結 눈꼽미티다 ○허여넘비

耳朶 귀 ○샨

耳根 귀밑 ○샨 이다

耳輪 귀ㅅ박회 ○샨 이 허션

耳孔 귀ㅅ구무 ○샨 이 웅가라

耳矢 귀여지 ○호소리 ○又비듬

鼻子 코 ○오보로

鼻涕 코ㅅ믈 ○냐키

擰鼻涕 코프다 ○냐키 시림비

口 입 ○앙가

口涎 춤 ○치벙구

吐沫 춤밧다 ○치버럼비

稀涎 몸근춤 ○오봉기 一云시렁기

粘痰 담 ○달훈 치빙우

喀痰 담밧다 ○커심비

嘴唇 입시울 ○버먼

牙齒 니 ○워허

牙根 닛무음 ○우만

舌頭 혀 ○이렁우

咽喉 목구무 ○빌하

重舌 목젓 ○일마하 一云거우

下頦 톡 ○선쳐허

鬍子 나롯 ○사루

脖項 더수기 ○메번

頸頭 목 ○몽끈

肩膀 엇게 ○메런

臂 풀 ○답시

肐子窩 겨드랑 ○오호 一云오

肐膊 풀독 ○가래 마얀

手 손 ○가라

手腕 손목 ○가래 쟈란

手背 손등 ○가래 후루

手掌 손바당 ○가래 바랑구

手紋 손금 ○가래 헐건

拳頭 주머귀 ○누잔

手指 손가락 ○가래 심훈 一云 가래 숨훈

拇指 엄지가락 ○벌허 심훈

指人指 둘재가락 ○모쵸 심훈 一云 죠리러 심훈

長指 댱가락 ○두람배 심훈

無名指 ㅡㅡ ○거부 아쿠 심훈

小指 ㅡㅡ ○방구 심훈

贅指 늑가락 ○하비라쿠 심훈

手指甲 손톱 ○히타훈

手虎口 범아귀 ○방쥬 又 손쌋

胸膛 가슴 ○퉁건

奶膀子 졋통 ○후훈 이 칠친

奶頭子 졋곡지 ○후훈 이 투미하

奶子 졋 ○후훈

摘奶子 졋떼다 ○후훈 시림비

心窩 명치 ○냐만 쟈카

脊背 등 ○비사

腰身 허리 ○ 다라 一云 다라마

肚子 비 ○ 허버리

外胯 궁둥이 ○ 두

腿子 다리 ○ 숙사하

小腿 종아리 ○ 볼보

脚 발 ○ 벌허

脚跟 발뒤측 ○ 아구여

骨頭 뼈 ○ 기랑기

脊樑骨 등ᄆᆞᄅᆞ뼈 ○ 세러

接膝骨 쟝귀뼈 ○ 수두

軟腰 존허리 ○ 촘부리

肚臍子 빗ᄉ곱 ○ 우렁우

臀子 볼기 ○ 우라

大腿 신다리 ○ 부히

曲膝 무룹 ○ 톱갸

脚背 발ᄉ등 ○ 번허 우무훈

脚掌 발바당 ○ 번헤 방란

骨節 ㅣㅣ ○ 기랑기 쟈란

肋條骨 가리뼈 ○ 업치

踝子骨 복쇼아뼈 ○ 가츄하 기랑기

骨髓 ㅣㅣ ○움간 슈기

皮子 通稱 가족 ○수쿠

肌膚 숟 ○야리

毛孔 털구무 ○부녀허 선

筋 힘ㅅ줄 ○수버

臟腑 오장뉵부 ○두하 도

心 념통 ○나만

肺子 부화 ○우부후

肝花 간 ○바훈

脾 만화 ○더리훈

胃 양 ○얘지거

肚子膽 쓸게 ○실히

腸子 챵즈 ○두하

腰子 콩풋ㅅ ○붓호

尿胞 오좀통 ○시부루

魂 녕혼 ○바양가

魄 넉 ○오론

精神 ㅣㅣ ○오리 시먼 又津液

血 피 ○성기

血道 피ㅅ대 ○성기 쥰

脉 ㅣ○수다라

汗 ᄯᆞᆷ○네

肛門 항문○방쥬후

髱髱 陽物○죠죠

夘胞 불○우하라

夘子 불알○진지하

八子 陰門○버버

夘毛 陰毛○사부라

尿 오좀○시켜

撒尿 오좀누다○시텀비

巴白 ᄯᅩᆼ○하무

出恭 ᄯᅩᆼ누다○함탐비 一云투러 거넘비

容貌

形容 ㅣㅣ○알분 一云둘순

形樣 몰골○무루

貌樣 ㅣㅣ○기루

美 아ᄅᆞᆷ답다○새칸○又잘ᄒᆞ다

俊美 미자ᄒᆞ다○호치콘

俊秀 ㅣㅣᄒᆞ다○부쥬룽가

魁偉 어거롭다 ○암바링구

光潔 通稱조출ᄒᆞ다 ○긴치햔

超羣 出衆ᄒᆞ다 ○촐ᇰ고로코비

穆穆 거록ᄒᆞ다 ○얼ᇰ덩거

容顏 얼굴 ○치라

姿色 낫고은빗 ○치라 뱐

姸 곱다 ○호쟈

妙 묘ᄒᆞ다 ○압시 호쟈

嬌態 ㅣㅣ ○피만

醜 추ᄒᆞ다 ○보치허 一云얼순

面麻 얽다 ○마스

面麻稠 박박얽다 ○컬거너허비

面有紋 낫치살디다 ○더러슈방나합비

身子高 킈크다 ○버여 턴

身矮 킈젹다 ○버여 방카라

胖啊 ᄉᆞᆯ지다 ○탈훈

胖的 ᄉᆞᆯ진이 ○야라항가 一云야링가

瘦 여위다 ○툴가

軟弱 ㅣㅣᄒᆞ다 ○녀러 ○又軟ᄒᆞ다

弱 ㅣᄒᆞ다 ○야다랑구

壽 ㅣ ○쟈라분

短命 ᄒᆞ다 ㅣㅣ ○알ᅌᆞ다시 거너허

年紀 나 ○서

同庚 동갑 ○어무 아냐

幼 어리다 ○아지권

少 졈다 ○아시하

長成 ᄒᆞ다 ㅣㅣ ○무투하비

嫩膲 졈어뵈다 ○아시하키

壯 ᄒᆞ다 ㅣ ○카룬

強 ᄒᆞ다 ㅣ ○어투훈

豪強 ㅣㅣ ○어렁기

向老 늙어가다 ○서 바루 오호

老了 늙다 ○삭다

老蒼 ᄒᆞ다 ㅣㅣ ○호로키

年老 나만타 ○서 바하 一云서 더 오호

髮白 셰다 ○샤라카비

須白 ᄒᆞ다 ㅣㅣ ○알사리 샤라카비

白髮 허여케 셰다 ○샤훈 샤라카비

衰 ᄒᆞ다 ㅣ ○어버러커비 一云와시카

憔悴 ᄒᆞ다 ㅣㅣ ○마쵸하비

龜腰 등굽다 ○쇼요호비

老悖回 망녕젓다 ○외보쿄비

耳聾 귀먹다 ○샨 지거연

斜眼 눈흙빅다 ○야사 하리 一云 캐가다리

眼病昏 눈흐리다 ○야사 둣훈

眼昏 눈어둡다 ○야사 더리거

眼拙 눈므듸다 ○야사 발바

黑子 샤마괴 ○삼하

痣子 김의 ○더레 발툰

雀癍 주근깨 ○멀선

面垢 낫치셕 ○더레 볼톤

臉皺 낫더럽다 ○더러 후마라카비

氣息

氣息 숨 ○얼건

出氣 숨쉬다 ○얼건 갬비

氣 긔운 ○숙둔 又김

元氣 ㅣㅣ ○다 숙둔

打噯咈 트림ᄒᆞ다 ○꺼거럼비

打嚏 피기ᄒᆞ다 ○쟈홈비

打噎噴 ᄌᆞ최옴ᄒᆞ다 ○야치햠비
打哈欠 하픠옴ᄒᆞ다 ○합걍비
打呼鼾 코고으다 ○화챠람비
呼吸 ㅡㅡ ○얼건 투치러 도시러 一云얼건 허니
惡心 아닉곱다 ○어열셤비
乾嘔 헷구역ᄒᆞ다 ○오홀솜비 一云부야걈비
打醋心 신목곱다 ○쥬셤비
想起 싱각나다 ○구니남비
沉思 싱각뎌기다 ○구닌쟝비
料度 혜아리다 ○보돔비○又혜다

伸腰 기지게혀다 ○버여 사냠비
打寒噤 존저리티다 ○서수겸비
咳嗽 기춤ᄒᆞ다 ○부치햠비
喘息 숨ᄎᆞ다 ○보돔비 一云허졉비
乾嗽 ᄇᆞᄐᆞᆫ기춤ᄒᆞ다 ○컹심비
嘔吐 토ᄒᆞ다 ○부담비 一云쥬룸비
渴了 목ᄆᆞᄅᆞ다 ○캉감비
思想 싱각ᄒᆞ다 ○구넘비
尋思 구을려싱각ᄒᆞ다 ○쉬럼비
想慕 그리다 ○키둠비

知道 아다 ○삼비 一云바하남비

明白 知道 명빅히 아다 ○텅기머 사하

不知道 모로다 ○살쿠

認得 사룸아다 ○타감비

忘了 닛다 ○옹곰비

懂得 씨티다 ○울。힘비

覺得 씨ᄃᆞᆺ다 ○서러허비

[illegible] ㅣᄒᆞ다 ○깅캄비

心悶 민망ᄒᆞ다 ○아리샴비○又심심ᄒᆞ다

心亂 ㅣㅣᄒᆞ다 ○배하참비

焦躁 ㅣㅣᄒᆞ다 ○받하샴비○又煩躁ᄒᆞ다

害羞 通稱붓그리다 ○기룸비

可醜 붓그럽다 ○기츄커

作難 어려워ᄒᆞ다 ○망가샴비

赧然 무료ᄒᆞ다 ○욕토 아쿠

愁怨 ㅣㅣᄒᆞ다 ○가삼비 一云잡참비

怨ㅣ ○가사츈

怨恨 ㅣㅣᄒᆞ다 ○골솜비○又怨望ᄒᆞ다

皺眉 눈쌀찌피다 ○배탄 히더러커비

歎惜 ᄒᆞ탄ᄒᆞ다 ○나삼비

歎息 丨丨ᄒᆞ다 ○서지럼비

嗚呼 丨丨 ○애

嗒嗟 차탄ᄒᆞ다 ○칩심비

恐怕 저퍼ᄒᆞ다 ○올ᄋ홈비

怕 두리다 ○거럼비

惶怯 丨丨ᄒᆞ다 ○방치햐샴빙又着急ᄒᆞ다

慙愧 핀잔젓다 ○열터셤비

心跳 가ᄉᆞᆷ도곤도곤ᄒᆞ다 ○난만 투심비

嚇一跳 ᄶᅩᆷ즉ᄶᅩᆷ즉 ○가치햐 가치햐

驚訝 丨丨ᄒᆞ다 ○서수럼비

吃驚 놀라다 ○교롬비

驚呆 놀라어리다 ○버럼비

驚跳 도도리치다 ○독도라하

快心 ᄆᆞᄋᆞᆷ의훤ᄒᆞ다 ○서라하 一云커ᄉᆞ허

屁 방긔 ○뵤

放屁 방긔ᄒᆞ다 ○뵤톰비

性情

天性 丨丨 ○바닌ㅇ又性禀

生性 삼긴품 ○반지태 一云바니태

天命 ㅣㅣ ○허스분

倫 ㅣ ○칙탄

心裏 ᄆᆞᄋᆞᆷ ○무지런

仁 ㅣ ○고신

孝 ㅣ ○효슌

悌 ㅣ ○뎌친

信 ㅣ ○악둔

誠心 ㅣㅣ ○힝 슈러 구닌

直 바로다 ○시질훈

貞 貞烈之貞 ○깅ᄋᆞ구지

天數 ㅣㅣ ○살가분○又因緣

理 ㅣ ○갼

意思 ᄠᅳᆮ ○구닌

義 ㅣ ○쥴간○又쥴

行孝 효도ᄒᆞ다 ○효슈람비

忠 ㅣ ○톤도

誠 졍셩 ○우닝기 구닌

正 ㅣ ○톱

正直 ㅣㅣ ○징지

節操 뎡졀 ○쟈랑가

聰一○수러

穎悟一一○울。히수

敏捷一一○일。다무

智 디혜 ○멀건

才德 덕 ○얼더무○又지조

才能 지조 ○언쳐헌 一云벙선

順啊 슌ᄒᆞ다 ○이짓훈

溫良一一○너수권 一云넘견

順從一一○다핫훈

眞實一一○얄간○又진짓

聰明一一○수러。경견 一云울。히츈

明敏一一○엽。권○又英俊

伶俐一一○가리 一云셩투

智略一一○보도끈 一云보돈

蘊德一一○부투 얼더무

度量一一○부나간○又情

軟柔 부드럽다 ○우후권 一云우얀

柔順一一○너머연

慷慨一一○호 휘

老實 고지식 ○놈혼

周容 ㅣㅣ ○빙신

沉重ᄒᆞ다 진듕 ○우젼

雍和 화 ○휘랴슌

和同ᄒᆞ다 ㅣㅣ ○아챠람비

慇懃 ㅣㅣ ○합치햔

清廉 ㅣㅣ ○한쟈 一云희챤

乾淨 조ᇇ타 ○볼ᅌᅩ

純朴 ㅣㅣ ○ᅌᅮ구루ᅌᅮ 又純色

倫朴了ᄒᆞ다 ㅣㅣ ○말ᅌᅩ후샴비

忍住 참다 ○키림비

何忍 참아 ○졈피

喜 ㅣ ○울ᅌᅮᆫ

喜歡 깃거ᄒᆞ다 ○울ᅌᅮᆫ졈비

不悅 깃거아니타 ○여버러라쿠

怒 셩 ○지리

惱了 셩내다 ○지리 반짐비 一云지리담비

息怒 셩머즉ᄒᆞ다 ○지리 토로쿄

變色ᄒᆞ다 ㅣㅣ ○치라 알ᅌᅡ쟈하

面發紅 ᄂᆞᆺ븕다 ○더러 부라라카비 一云부랄쟘비

固執ᄒᆞ다 ㅣㅣ ○머머럼비

樂了 즐겨ᄒᆞ다 ○ 섭져럼비

愛疼 ᄉᆞ랑ᄒᆞ다 ○ 고심비

愛惜 앗기다 ○ 해람비

所願 慾 ○ 부연

有靈的 령ᄒᆞᆫ이 ○ 갈빙가 一云 셩거

善啊 착ᄒᆞ다 ○ 샌 又 됴타

惡啊 사오납다 ○ 어허 又 됴치아니타

性躁 셩ᄆᆞᄅᆞ다 ○ 지리 하탄

性惡 ㅣㅣᄒᆞ다 ○ 지리 하히 一云 지리 학친

性惡 ㅣㅣᄒᆞ다 ○ 독신

用強 강악히구다 ○ 어투후섬비 一云 어텽기럼비

巧 공교 ○ 박시

行巧 공교히ᄒᆞ다 ○ 박시담비

輕疎 경솔 ○ 외호리 一云 뵈호리

輕佻 경망ᄒᆞ다 ○ 외로호돔비

性吝 닌ᄒᆞ다 ○ 불견

鄙陋 ㅣㅣᄒᆞ다 ○ 알바투 一云 하츄카

嫉妬 투긔ᄒᆞ다 ○ 실히담빙 又 싀긔ᄒᆞ다

偏僻 ㅣㅣᄒᆞ다 ○ 울호 게커

手濶 손크다 ○ 가라 수라

手窄 다손젹 ○가라 날훈

使黑心 다탐ᄒᆞᆫ ○도시담비 一云념셤비

力 힘 ○후순

奮勇 다용내 ○바투루람비

怯 ㅣ ○오리하

解憤 다분푸 ○기 불ㅇ감비

嫌疑了 ᄒᆞ다ㅣㅣ ○부혐비 又짐쟉ᄒᆞ다

行驕 ᄒᆞ다교만 ○쵸토롬비

疑惑 ᄒᆞ다의심 ○커너운졈비

刻薄 ᄒᆞ다ㅣㅣ ○커츄덤비

貪 ㅣ ○도시 一云감지

貪汚 ㅣㅣ ○도시 난투훈

勇 ㅣ ○바투루

膽大 ᄒᆞ다ㅣㅣ ○바훈 암바

憤 다분ᄒᆞᆫ ○바한잠비 一云기쟈룸비 ○或예쓰다

嫌疑 ㅣㅣ ○부혀츈

驕 교만 ○쵸토

猶豫 ᄒᆞ다ㅣㅣ ○탈훈잠비 一云져츄운졈비

倨傲 다서재 ○암바키람비

剽悍 다모디 ○봉우루 一云니머츄커

量窄 조뵈압다 ○칭갸

懶 게으름 ○바누훈

惰了 게을리ᄒᆞ다 ○바누후샴비 一云밤비

庸懶 용탑 ○부듄

膚碌的 용렬ᄒᆞᆫ이 ○어허리우

懈怠 ㅣㅣᄒᆞ다 ○혀러덤비

愚蠢 미혹ᄒᆞ다 ○먼투훈

癡厮 어린이 ○머너훈

邋遢 느리다 ○라라 一云모도

昏憒 혼망ᄒᆞ다 ○건 간 아쿠

憒憒 어득ᄒᆞ다 ○려려훈 一云발랄훈

淫亂 ㅣㅣ ○두버 一云하얀

行淫 음난ᄒᆞ다 ○두버덤비

狡詐 간사 ○괴마리

詭多啊 간사이구다 ○괴마라담비

悖逆 패악ᄒᆞᆫ이 ○부다시훈

行狂妄 광망ᄒᆞ다 ○바라마담비

姦慝 ㅣㅣ ○쟈랑가

行詐 간계부리다 ○쟈라담비

侵虐 ㅣㅣᄒᆞ다 ○거쥬럼비

行虐 ᄒᆞᆼ학ᄒᆞ다 ○ 오호돔비

言語

話 말ᄉᆞᆷ ○ 기순

説了 니ᄅᆞ다 ○ 헌둠비

語音 어훈 ○ 기순 이 무단

説蒙古話 蒙語ᄒᆞ다 ○ 몽고롬비

通番話 통ᄉᆞ노롯ᄒᆞ다 ○ 퉁스럼비

謠言 동요 ○ 요로 기순

調市話 도언ᄒᆞ다 ○ 버지럼비

醒提 일ᄭᆡ오다 ○ 죰붐비 ○ 又勸ᄒᆞ다

説話 말ᄒᆞ다 ○ 기수럼비

聲響 通稱소리 ○ 질。갼

説漢話 漢語ᄒᆞ다 ○ 니카람비

説滿洲話 清語ᄒᆞ다 ○ 만쥬람비

俗話 속담 ○ 。덕더니 기순

古話 니야기 ○ 쥬런 一云쥬번

提起 ㅣㅣᄒᆞ다 ○ 쥰돔비 一云죵코

論難 ㅣㅣᄒᆞ다 ○ 루럼비

商量 의논 ○허버

會議 |||ᄒᆞ다 ○허뼈 아참비

囑咐 당부ᄒᆞ다 ○답탐비

回報 |||ᄒᆞ다 ○기순 번드러붐비

善之 착히너기다 ○새샴비

哂嘴稱奇 허차기리다 ○착심비 一云캬걈비

瘋話 광언ᄒᆞ다 ○탑시탐비

自言 自語 홈자ㅅ말ᄒᆞ다 ○보도미머 기수럼비

耳邊低說 슈군다히다 ○슈숭걈비

話未完 말ᄆᆞᆺ지못ᄒᆞ여셔 ○기순 와징가라

商量了 의논ᄒᆞ다 ○허버섬비 一云헙덤비

分咐 |||ᄒᆞ다 ○분부랍비

曉諭 리유ᄒᆞ다 ○이쥬머 다리머 기수럼비

許他 허락ᄒᆞ다 ○앙가 알쟘비

稱贊 기리다 ○막탐비 一云투겸비

鸚鵡嘴 구변잇ᄂᆞᆫ이 ○앙가랑구

話合機 말마자지다 ○기순 꾀츄캬

悄悄說 ᄀᆞ만ᄀᆞ만말ᄒᆞ다 ○젼두 기수럼비

粧聾 聽而不聞ᄒᆞ다 ○두투럼비

話窮 말막히다 ○기순 모홈비

氣不說話 분ᄒᆞ여 말못ᄒᆞ다 ○기순 불라부라쿠

默口 좀좀ᄒᆞ다 ○어기사카

問着 뭇다 ○본짐비

再問 다시 뭇다 ○다치람비

盤問 힐문ᄒᆞ다 ○쟈간쟈머 본짐비

一箇箇說 낫낫치 니ᄅᆞ다 ○퉁기머 아람비 一云갼갼이아람비

答應 되답ᄒᆞ다 ○쟈붐비

差往告訴 니ᄅᆞ라 보내다 ○아랑깁비

是啊 올타 ○이누

嗻 올소 외다 ○져

叫了 브르다 ○후람비

大聲 소리지르다 ○수럼비

叫名子 일홈브르다 ○거부럼비

笑 우음 ○인져쿠

笑了 웃다 ○인졈비

笑話 비웃다 ○바숨비 一云인져쿠 셤비

冷笑 ㅣㅣᄒᆞ다 ○샤후룬 인졈비

欣笑 흔연이 웃다 ○이쟐샤머 인졈비

哈哈大笑 허허大笑ᄒᆞ다 ○캬탈 슈머 인졈비

仰天大笑 ㅣㅣㅣㅣᄒᆞ다 ○방하머 인졈비

顚倒笑 곤곤웃다 ○반쟈머 인졈비

喧嚷 喧譁ᄒᆞ다 ○츌김비

飾言 말ᄭᅮ미다 ○기순 야밈비

離間 ᄒᆞ다|| ○어허러붐비 一云쟈카나붐비

毁謗 ᄒᆞ다|| ○어허츔비

誣害 ᄒᆞ다|| ○버럼비 ○又栻

唆調 하ᄶᅩᆨ거리다 ○슈시혐비

諂 아당 ○할ᄋᆞ다바

行諂 아당ᄒᆞ다 ○할ᄋᆞ다바샴비

讒 ᄎᆞᆷ소 ○아츄햔

行讒 ᄎᆞᆷ소ᄒᆞ다 ○아츄햐담비

被讒 ᄎᆞᆷ소닙다 ○아츄햐다붐비

動靜

坐着 안ᄌᆞ라 ○더

坐 안ᄉᆞ다 ○덤비 ○又마라안ᄉᆞ다

請坐 안ᄌᆞ쇼셔 ○터키

教坐 안치다 ○터붐비 ○又넛다

打䝟兒坐 여러히안ᄉᆞ다 ○터쳠비

盤腿坐 발사립고안ᄉᆞ다 ○모소라머 덤비

跪坐 ᄭᅮ려안ᄌᆞ다 ○부히 아다머 텀비

蹲坐 줏그려안ᄌᆞ다 ○도돔비

起来了 셔다 ○이람비 又니다 又그치다

快起来 급히니다 ○개하리 이리하

頓足 발구르다 ○번허 방함비

徘徊 ㅣㅣᄒᆞ다 ○깁거셔머 야붐비

步 거름 ○옥손

步走 것다 ○옥솜비

步行走 거러가다 ○야방하람비

走行 ᄃᆞᆫ니다 ○버렴비

圍坐 둘러안ᄌᆞ다 ○톨호머 텀비

踞坐 거러안ᄌᆞ다 ○도도머 텀비

起来 셔라 ○이리 又닐라 又머믈라

岔腿 跕着 다리벌리고셔다 ○산다라머 이리하

蹰躇 머뭇거리다 ○이린쟘비 一云 토간쟘비

来回 왕반ᄒᆞ다 ○아마시 쥬러시 야붐비

學挪步 거름비호다 ○옥손좀비

行走 힝ᄒᆞ다 ○야붐비

單腿走 야감좃다 ○도호돔비

跑了 ᄃᆞᆺ다 ○수좀비

遠行 먼길가다 ○고로미머 야붐비

抄路走 즈름길로가다 ○도쿄로머 야붐비

兼程 비참ᄒᆞ여가다 ○온 개머 야붐비

白走 부졀업시ᄃᆞᆫ니다 ○헐기머 야붐비

走踉蹌 집벅이다 ○허시덤비

倒了 것구러디다 ○부하리 투허커

跁走 긔다 ○미춤비

被躧 ᄇᆞᆲ피다 ○버후붐비

跳過 ᄯᅱ다 ○버쿰비

跳上 소소다 ○털김비

正路走 바른길로가다 ○론도로머 야붐비

遶遠走 에워가다 ○무다리머 야붐비

落後 뒤ᄲᅧ지다 ○투람비

趕上 다ᄃᆞᆺ다 ○이시남비

醉踉蹌 취ᄒᆞ여뷔것다 ○헤허덤비

顚倒 업더디다 ○우무훈 투허커

躧着 ᄇᆞᆲ다 ○버훔비

齊躧 여러히ᄇᆞᆲ다 ○버후덤비

跳越 ᄯᅱ여넘다 ○털김비

越過 넘다 ○다밤비

登上 오르다 ○타밤비 一云위심비

下来 나리다 ○어붐비 一云와심비

等着 기드리다 ○아랴비

慢走等着 가며기드리다 ○아랴캬비

去罷 가라 ○거너

走了 가다 ○거넘비 一云요롬비

出去 나가다 ○투침비 又나다

起身 길셔나다 ○쥬람비

過去 지나다 ○두럼비

經過 들너다 ○다림비

順便 녁노 ○일둔

去便 가는겨릐 ○거너러 이치

来罷 오라 ○직

来了 오다 ○짐비

到来 밋처오다 ○이신짐비

進来 드러오다 ○도심비 又드다

壓手 손티다 ○얼김비

壓手旪 손쳐부르다 ○가라 기다샴비

約會 마초고못다 ○쥐럼비

會了 못다 ○이삼비

靠着 지혀다 ○ 니컴비 ○又依止ᄒᆞ다

歪靠 시즈리다 ○ 쾌담비

歇歇 쉬다 ○ 터염비 一云얼검비

歇陰凉 그늘에 쉬다 ○ 섭드리럼비

乘凉 서늘진ᄃᆡ 안ᄉᆞ다 ○ 설궈셤비

乏了 ᄀᆞᆺ부다 ○ 샤담비

困乏了 곤ᄒᆞ다 ○ 츄쿰비

卧着 눕다 ○ 더둠비 ○又자다

教卧 누이다 ○ 더두붐비 ○又재오다

通脚卧 발막아 눕다 ○ 벋허러머 더둠비

仰卧 젓바져 눕다 ○ 온쵸혼 더둠비

俯卧 업더 눕다 ○ 우무슈훈 더둠비

側卧 넙흐로 눕다 ○ 달바슌 더둠비

卧轉身 누어 몸두로혀다 ○ 쿨붐비

瞌頭 좀 ○ 아무

瞌的狠 좀 겹다 ○ 아무 망가

瞌聪 좀귀 밝다 ○ 아무 설두

打盹 조으다 ○ 아무 샤부람비

點頭 마리 그덕이다 ○ 우쥬 거허셤비

抵頭 마리 수기다 ○ 우쥬 기담비

閉眼 눈ᄀᆞᆷ다 ○야사 니춈비

濃睡 돌게자다 ○히리 암감비

作夢 ᄭᅮᆷᄭᅮ다 ○톨。김비

夢魘 [illegible]ᄒᆞ다 ○톨。긴 기다붐비

長醒了 좀업다 ○아무 수러커

教瞧 눈에뵈다 ○사붐비。又보다

遍觀 두로보다 ○아나머 투왐비

瞪視 멀거니보다 ○거훈 투왐비

睜眼 눈부릅ᄯᅳ다 ○야사 모로혼 벰비 一云야사 가다훈 벰비

經過目 눈지내다 ○야사람비

睡覺 자다 ○암감비

夢 ᄭᅮᆷ ○톨。긴

說夢話 좀ᄭᅩ대ᄒᆞ다 ○바숭갸비 一云벋업겸비

醒了 ᄭᆡ다 ○거텀비

看見 보다 ○투왐비

偷看 여어보다 ○쟈가라머 투왐비

差往看 보라보내다 ○투왕김비

定睛看 물그름보다 ○하다해 투왐비

挓眼 눈ᄭᅳᆷ적이다 ○야사 합타람비

丟眼色 눈주다 ○야사 아람비

擠眼 눈기다 ○야사 니츄샴비 一云야사 지버럼비

仔細看 ᄌᆞ셰히보다 ○친치람비

窺探 기웃거리다 ○커러쳠비 一云히라챰비

探瞧 흘긋보다 ○샴비

瞭望 ᄇᆞ라보다 ○카람비

仰看 우러러보다 ○할가샴비

瞅看 흘긔여보다 ○히라머 투왐비

回頭看 돌쳐보다 ○회라람비

左看右看 左右顧視ᄒᆞ다 ○회라챰비

回看 도라보다 ○아마시 투왐비

飜白眼看 희번득여보다 ○샤린쟘비

依俙看 의희이보다 ○부루 바라 사붐비

眼生花 눈에아즈랑이나다 ○야사 일하남비

日晃眼 ᄒᆡ눈에ᄇᆞ싀다 ○야사 절기셤비

張口 입버리다 ○앙가 쟘비

閉口 입다므다 ○앙가 미밈비

聽見 듯다 ○돈짐비

耳聰 귀ᄇᆞᆰ다 ○샨 갈비

風聞 ㅣㅣ으로듯다 ○우라히라머 돈짐비

打聽 듯보다 ○우라히람비

動了 움즈기다 ○아스°샴비

搖動 흔드다 ○아칭걈비

推了 밀치다 ○아남비ᄋ又밀위다

轉向 두루혀다 ○마림비

旋轉 두로다 ○슐덤비

展轉 구을리다 ○부허셤비

彎轉 휘듯다 ○숭결°졈비

拿着 잡다 ○쟈밤비ᄋ或가지다

被拿住 잡히이다 ○남붐비

搜摩 더둠다 ○힙킴비

撫摩 어르문지다 ○비슘비

揉摩 通稱부븨다 ○몬짐비

兩手搁 우희여쥐다 ○오호롬비

拿弄 쥐무로다 ○쟈방샴비

抱了 안다 ○더버렴비

自脫落 절로노하ᄇᆞ리다 ○투리붐비

擲了 풀매ᄒᆞ여더디다 ○바함비

插了 심거박다 ○텅킴비

撇了 풀매ᄒᆞ다 ○덩검비

抛了 더지다 ○막탐비

甩了 ᄇᆞ리다 ○ 와럄비

丟了 일타 ○ 와랴붐비

得了 엇다 ○ 바함비

撒一撒 ᄲᅳ리다 ○ 숌비

逢着 만나다 ○ 우챠람비

撞着 마조티다 ○ 퉁가람비

相衝 닥ᄃᆞ리다 ○ 칼챰비

會見 만나보다 ○ 아참비 又和合ᄒᆞ다

教見 뵈게ᄒᆞ다 ○ 아챠붐비 又마초다

遲緩 ㅣㅣᄒᆞ다 ○ 얼。허셤비

從容 ㅣㅣ ○ 얼。허 누한

慢慢的 쳔쳔이 ○ 얼。허권 一云만다

遲了 더듸다 ○ 피담비 又오래다

搬移 옴다 ○ 우림비

搬移了 옴기다 ○ 우리붐버

留宿 ㅣㅣᄒᆞ다 ○ 인뎜비

住下處 햐쳐ᄒᆞ다 ○ 타탐비

離了 ᄯᅥ나다 ○ 호콤비

離家 집ᄯᅥ나다 ○ 보 알。잠비

離別 ㅣㅣᄒᆞ다 ○ 덜。험비

流離 ㅣㅣᄒᆞ다 ○ 넘비

趕出去 ᄶᅩ차내치다 ○ 보솜비 一云 바샴비

撿起 줍다 ○ 툥겸비

担着 메다 ○ 메허럼비

背着 지다 ○ 우눔비

頂戴 이다 ○ 훅셤비

收了 通稱 거두다 ○ 발걈비

藏着 곰초다 ○ 소밈비

湊湊 모토져기다 ○ 아참쟘비

堵截 즐러막다 ○ 토솜비 ○ 又 짐작ᄒᆞ다

回避 피ᄒᆞ다 ○ 재람비

拾起 집다 ○ 톰솜비

擡起 드다 ○ 투켬비 ○ 又 일ᄌᆞ다

對擡 마조메다 ○ 십커럼비

懷揣 품다 ○ 허버럼비

挾着 ᄭᅵ다 ○ 하빙람비

收藏 간직ᄒᆞ다 ○ 아사람비

轃轃 모도다 ○ 이사붐비

攔住 ᄆᆞᄅᆞ막다 ○ 허투럼비

留着 머무로다 ○ 비붐비

留住 부티다 ○할붐비

揷上 꼿다 ○시심비

抽了 通稱쌔히다 ○고침비

傾倒 구러지다 ○투험빙又셔러지다

支着 괴오다 ○수잠비

撑着 피와바티다 ○아림빙又담당ᄒᆞ다

倒退 므름쓰다 ○소소롬비

倒縮 퇴츅ᄒᆞ다 ○버들첨비

人事

養親 ㅣㅣᄒᆞ다 ○냐만 버 우짐비

榮親 ㅣㅣᄒᆞ다 ○냐만 버 얼뎜붐비

尊敬 공경ᄒᆞ다 ○깅약럼비

服事 섬기다 ○웨럼빙又일ᄒᆞ다

敬長 어룬공경ᄒᆞ다 ○웅가쟘비

竭盡 극진히ᄒᆞ다 ○아쿰붐비

兄兄 兄노롯ᄒᆞ다 ○아후치람비

長長 兄으로섬기다 ○아후샴비

自居長 어룬인쳬ᄒᆞ다 ○아후람비

弟弟 아ᄋᆞ노롯ᄒᆞ다 ○두치럼비

親愛 ㅣㅣᄒᆞ다○하지람비

寵 ㅣ○돗혼

友愛 ㅣㅣᄒᆞ다○성기머

慈愛 ㅣㅣᄒᆞ다○지람비

體諒 접어ᄉᆡᆼ각ᄒᆞ다○길ᄋᆞ쟘비

可憐 ㅣㅣᄒᆞ다○지라카 一云지라츄카

恭順了 ㅣㅣᄒᆞ다○궁넘비

感激 ㅣㅣᄒᆞ다○ᄋᆞ훅ᄋᆞ셔머 구님비

諫 ㅣᄒᆞ다○타부람비○又말뉴ᄒᆞ다

慰勞 ㅣㅣᄒᆞ다○너지험비 一云토롬붐비

寵愛 ㅣㅣᄒᆞ다○돗호롬비

被寵 고이다○돗호로붐비

和調 화목○허벙거

撫恤 ㅣㅣᄒᆞ다○비룸비

惻隱 ㅣㅣᄒᆞ다○샤 슴비

敬人 ᄃᆡ졉ᄒᆞ다○ᄋᆞ균두렴비

優待 ㅣㅣᄒᆞ다○바니훈쟘비

報恩 은혜갑다○배리 이시붐비 一云배리 쟈밤비

勸開 말리다○이리붐비 或멈초다

好歷 평안ᄒᆞ냐○새원

請安 평안ᄒᆞ신가 ○얼。훠

容他 용납ᄒᆞ다 ○박탐붐비

謙讓 ㅣㅣᄒᆞ다 ○아나휸졈비

守寡 守節ᄒᆞ다 ○앙가시라머 반짐비

行清廉 清廉ᄒᆞ다 ○한쟈담비

竭力 ㅣㅣᄒᆞ다 ○방。스샴비

勵精 정신ᄆᆞ다듬다 ○길쿰비

發憤 분내여ᄒᆞ다 ○신훔비

逆 거스리다 ○부다람비

奢侈 ㅣㅣᄒᆞ다 ○맘걍비

平安 ㅣㅣᄒᆞ다 ○얼。허

讓他 ᄉᆞ양ᄒᆞ다 ○아나붐비

守分 분디킈다 ○안 버 튀걈비

體面 ㅣㅣ ○더령거○又榮華

節用 ㅣㅣᄒᆞ다 ○컴넘비○又限ᄒᆞ다

用力 힘쓰다 ○후수투럼비

小心 조심ᄒᆞ다 ○올。호숌비

騣辭 거스다 ○마람비

不忍 참아못ᄒᆞ다 ○젼더라쿠 一云텹치라쿠

不撙節 준절치아니타 ○컴넌 아쿠

矜勢 세쓰다 ○ 더머시럼비

擅斷 ㅣㅣᄒᆞ다 ○ 사림비

霸佔 억지내다 ○ 어져럼비 又 웅거ᄒᆞ다

不留體面 무례히구다 ○ 더라쿠람비

放肆 방ᄌᆞᄒᆞ다 ○ 쾨콜。좀비

勒掯 보채다 ○ 아카붐비

推他 ᄂᆞᆷ의게미다 ○ 아나탐비

面厚 안후ᄒᆞ다 ○ 더러 망가

錯了 그릇ᄒᆞ다 ○ 타샤람비 一云타바람비

後悔 뉘웃다 ○ 아람비

誇張 쟈랑ᄒᆞ다 ○ 발당기람비 一云투켜쳠비

專擅 홈자ᄒᆞ다 ○ 엄ᄋᆞ후럼비

捨臉 冒沒廉恥ᄒᆞ다 ○ 더러 벙러럼비

體面吊 톄면업다 ○ 더라쿠

泛濫 ㅣㅣᄒᆞ다 ○ 다바샴비

推托 ㅣㅣᄒᆞ다 ○ 실。탐비 一云아나간 아람비

挑釁 핑계ᄒᆞ다 ○ 빅ᄋᆞ투 아람비

失禮 ㅣㅣᄒᆞ다 ○ 도로 우방라하

習染 므드다 ○ 이쳐붐비

懲戒 ㅣㅣᄒᆞ다 ○ 이섬비

起戒 경계 ○탈가춘

用強 악쓰다 ○캉캬샴비

逼迫 ㅣㅣᄒᆞ다 ○얼거럼비 一云하빙람비

輕視 멸시ᄒᆞ다 ○외호리람비

不理人 긔수치아니타 ○헐서라쿠 一云요힌다라쿠

胡使了 남용ᄒᆞ다 ○다바붐비 一云다바람비

費 허비 ○방야분

遮飾臉 ᄂᆞᆺᄀᆞ리와ᄒᆞ다 ○뱌나람비

哄誘 ᄭᅬ오다 ○호ᄉᆞᆼ솜비

遺漏 ㅣㅣᄒᆞ다 ○머러붐비

檢舉 ㅣㅣᄒᆞ다 ○카다람비

嚇他 저히다 ○셔림비

小看 업슈이너기다 ○기다샴비 一云부시후람비

不筭 혜지아니타 ○다부라쿠

沒情分 졍업다 ○두연 一云안두후리

費了 허비ᄒᆞ다 ○방얌비

外飾 것ᄭᅮ미다 ○고호돔비

推惡 그른일ᄂᆞᆷ의게미다 ○래담비

誘騙 ᄭᅬ와소기다 ○에터럼비 又두로다

漏泄 ㅣㅣᄒᆞ다 ○빌검붐비

謊 거즛 ○호로

謊他 소기다 ○홀통비

瞞他 긔이다 ○달담비

隱瞞 은닉ᄒᆞ다 ○기담비 又 누루다

胡裏 후리 麻裏 마리 ○후루리 마라리

圈套人 후리다 ○후비샴비

被圈套 후리이다 ○후림붐비

迃浮 오활ᄒᆞ다 ○털버리 一云 찰가리

虧玷 힝실더러이다 ○구투붐비

冒瀆 犯上ᄒᆞ다 ○버러후덤비

改嘴 변ᄉᆞᄒᆞ다 ○부방랍비

負他 져ᄇᆞ리다 ○울거덤비

食言 ㅣㅣᄒᆞ다 ○애붐비

違瞞 어긔치다 ○쥴쳠비

不睦 화목지못ᄒᆞ다 ○아츄훈 아쿠

反目 눈맛지아니타 ○어허럼비

怔他 허믈ᄒᆞ다 ○웃함비 一云 부우쳠비

過失 허믈 ○언더부쿠

憚 써리다 ○성여겸비

怒戰 셩내여ᄯᅥ다 ○쳐철셤비

표제어	풀이	음
怒解	셩풀리다	○지리 나타라카
罔知所措	ㅣㅣㅣㅣᄒᆞ다	○벅더러커비
可厭	通稱슬희여ᄒᆞ다	○에멈비
齟齬	ㅣㅣᄒᆞ다	○갈。탓훈
求請罷	구쳥ᄒᆞ라	○배수○又ᄎᆞ즈라
囑托	쳥쵹	○얀두간
指望	ᄇᆞ라다	○어렴비○又날우다
願了	원ᄒᆞ다	○부엽비○又부러ᄒᆞ다
歆羨	부럽다	○부여츄커
嗜好	됴화ᄒᆞ다	○아무란○上必用더字

표제어	풀이	음
不合意	뜻에맛디아니타	○이챠쿠
不嫌	쯘더이너기지아니타	○히하나쿠 一云히하라라쿠
厭煩	즈즐ᄒᆞ다	○섯험비○又쎳라
尋尋	求ᄒᆞ다	○뱀비○又ᄎᆞ다
懇求	ㅣㅣᄒᆞ다	○가후샤머 뱀비
囑托了	쳥쵹ᄒᆞ다	○얀둠비
失望	ㅣㅣᄒᆞ다	○랍사 오호
情願	ㅣㅣ	○치항가
肯	즐기다	○치하람비
眷戀	ㅣㅣᄒᆞ다	○나람비

可惜앗갑다 ○해라츄카 看顧보숣피다 ○투와샴비○又돌보다

宮室

內裏대궐 ○궁○又宮 殿ㅣ○댠

寶座어탑 ○소린○又位 座ㅣ○터쿠

樓子누각 ○루스 翼廊힝각 ○어션 이 보

亭子ㅣㅣ○팅스 臺ㅣ○태

丹墀대궐섬 ○쳐러헌 臺堦섬 ○털긘

層堦서ᄃᆞ라 ○타부쿠 堦級섬층 ○탕간

正門ㅣㅣ○친 이 두카 挾門ㅣㅣ○앗한 이 두카

重門ㅣㅣ○답쿠리 두카 房子집 ○보○又房

閤家 온집 ○보ᄋ굽치 一云보ᄋ워련

正房 몸채 ○친 이 보

廂房 좌우듕집 ○허투 보

挾房 ㅣㅣ ○달ᄋ배 보

厨房 부억 ○부대 보

庫房 ㅣㅣ ○하샤 보

中堂 ㅣㅣ ○탕구리

草房 草堂 ○얼ᄋ번 이 보

客位 샤랑 ○안타하 투와라 보

廊 퇴 ○낭긴

茅房 측간 ○투러 거녀러 바

馬房 마구 ○허련

草棚 헛간 ○벌ᄋ헌又포도갸ᄌᆞ

棚子 가가 ○럼펀

過檁 들ㅅ보 ○태부

脊檁 ᄆᆞᄅᆞ ○물루

上檁 ᄆᆞᄅᆞ언ㅅ다 ○물루 투겸비

隨檁 도리 ○여

停柱 기동 ○투라

柱頂石 쥬츄ㅅ돌 ○턴 이 워허

椽 셧가래 ○손

葦箔 셔슬 ○야비ㅇ 又반조

滴水簷 쳠하 ○시힌

門 ㅣ ○두카

樘門 살문 ○허루 두카

笆籬門 柴扉 ○핫한 이 두가

門框 문얼굴 ○두캐 버런

門扇 문짝 ○두캐 운더헌

門限 문지방 ○복손

門斗 지도리 ○홀기쿠

門樏 문빗장 ○약시쿠 一云시더훈

樏門 빗장지르다 ○시더후럼비

開了 여다 ○넴비

關上 닷다 ○다심비

大開 훤이 여다 ○미라 네허

門半開 문반만 여다 ○두카 미라람비

關閉 다다 거다 ○약심비

封了 通稱봉ᄒ다 ○범피럼비

窓 ㅣ ○바

窓臺 창ㅅ뎐 ○바 이 치킨

窓欞 창셰살 ○바이 둔허

支窓 창버틔오다 ○바 투겸비

户 지게 ○우쳐 ○又房門

釘鍋 걸새 ○담쟌 서러

欄干 ㅣㅣ ○절ㅇ권

底塘板 마루 ○탁투 ○又다락

一間 ᄒᆞᆫ간 ○어무 갼

烟洞 굴똑 ○후란

尾窪 벽굽논굴 ○요

籬笆 바조 ○핫한

窓横欞 창마루살 ○바이 시더ㅇ훈

放窓 창지오다 ○바 신담비

門鸛嘴 빗목 ○시힌 서러

牌樓 ㅣㅣ ○패루

曲欄干 ㅣㅣㅣ ○무다랴라 절ㅇ권

炕 구돌 ○나한

竈口 솟아귀 ○쥰

地窨 움 ○욱둔 보

藩籬 울섭 ○뱃하

壁 ᄇᆞ람ㅅ벽 ○바지란

板壁 판쟝 ○운더헌 방지란

房山墻 화방 ○뱟하

遮陽 ㅣㅣ ○슌 다리쿠

簾子 발 ○히다

珠簾 ㅣㅣ ○투허부ᄋᆕ쿠

簇子 ㅣㅣ ○바 다리쿠

庭子 ᄯᅳᆯ ○바란

院子 터 ○화

院圈子 터에음 ○카란

墻 담 ○부

打墻 담 쌋다 ○부 사함비

打土墻 토담 쌋다 ○부 뉴ᅌ홈비

墁墻 면ᄒᆞᆰ 씃다 ○치밤비

抹鏝 ᄆᆡᄆᆞᆫ지다 ○일ᅌ 밤비

墻水眼 슈채구무 ○코 상가

磚頭 벽쟝 ○뵈승 又 박셕

尾頭 지새 ○와스

脲尾 수지새 ○후런 와스

仰尾 암지새 ○호로 와스

蓋尾 지새 ᄒᆞᆫ다 ○와스람비

宮室 同文類解上 三十六

揭起尾 지새것다 ○와스 쿄람비

石灰 회 ○도호

打地脚 디졍다으다 ○턴 칠검비

修理 ㅣㅣᄒᆞ다 ○어쳠러머 다사람비

塗褙 ᄇᆡ르다 ○후바람비

官職

皇帝 ㅣㅣ ○황디 一云한

皇太子 ㅣㅣㅣ ○황 태즈

王妃 ㅣㅣ ○왕 니 부진

主子 님금 ○어젼○又님자

苫蓋 초가녜다 ○얼。범비○又덥ᄒᆞᆸ타

地脚 디졍 ○턴

盖房子 집짓다 ○보 아람비

修補 ㅣㅣᄒᆞ다 ○녀쳐러머 다사람비

表褙 ᄇᆡ졉ᄒᆞ다 ○기바람비

皇后 ㅣㅣ ○황 후

王爺 왕 ○왕

世子 ㅣㅣ ○싀즈

坐殿 即位ᄒᆞ다 ○조린 더러허

寡人 ㅣㅣ ○시라훈 냥마　夫人 ㅣㅣ ○부진

貝勒 ㅣㅣ ○베러　貝子 ㅣㅣ ○베스

宗室 ㅣㅣ ○우룬 이 욱순　覺羅 ᄃᆡ진ᄒᆞᆫ 종실 ○교로

額駙 駙馬 ○우룬 이 어부　公主 ㅣㅣ ○궁쥬

朝廷 ㅣㅣ ○한 이 야문 一云 한 베서　諸侯 ㅣㅣ ○꼬뢰 베서

公侯 ㅣㅣ ○궁 후　臣 신하 ○암반 又大人

大人們 신하들 ○암바사　丞相 ㅣㅣ ○청향

閣老 ㅣㅣ ○거랸　大臣 ㅣㅣ ○우쥬라하 암반

内大臣 ㅣㅣ ○돌기 암반　世臣 ㅣㅣ ○부쥬리 암반

散秩大臣 ㅣㅣ ○수라 암반　宰相 ㅣㅣ ○재샹

提調 ㅣㅣ ○우허리 투와머 심너러 하반

尙書 判書 ○아리하 암반

左侍郎 叅判 ○앗한 이 암반

右侍郎 叅議 ○애시라라 하반

郎中 郎廳 ○이치햐라 하반

御史 ㅣㅣ ○배챠라 암반

官員 ㅣㅣ ○하반

陪臣 ㅣㅣ ○교뢰 암반

使臣 ㅣㅣ ○얼ᆞ친

勑使 ㅣㅣ ○허스 타쿠라하 얼ᆞ친

老爺 ㅣㅣ ○랴여

冬大季 冬至使 ○암바 볼론이 초한

謝恩使 ㅣㅣ ○커시더 헝키러러 초한

文官 ㅣㅣ ○빈헤 하반

武官 ㅣㅣ ○초해 하반

謀臣 ㅣㅣ ○허베 암반

功臣 ㅣㅣ ○궁거 암반

元帥 ㅣㅣ ○완쇄

將軍 ㅣㅣ ○장쥔 一云 장퀸

侍衛 宣傳官 ○햐

提督 ㅣㅣ ○티두 一云우허리다

當月章京 當番哨官 ○바 아리하 쟝긴

軍官 ㅣㅣ ○갸쟌

僚官 同官 ○우헤 하반 一云엄기 하반

布政司 監司 ○부졍스 하반

水使 ㅣㅣ ○쉬스 하반

知縣 원 ○지ㅇ햔

關口守禦 柵門御史 ○쟈세 두개 쟝긴

驛丞 파발쟝 ○이ㅇ 쳥

通事 ㅣㅣ ○퉁스

章京 哨官 ○쟝긴

部將 ㅣㅣ ○푸쟝

撥什庫 領將 ○보쇼쿠

鄕導官 길ᄀᆞᄅᆞ치ᄂᆞᆫ관원 ○가쟐치

兵使 ㅣㅣ ○빙스 하반

都事 ㅣㅣ ○두스 하반

城守尉 城將 ○호톤 이다

驛站監督 察訪 ○이쟌 갼두

邊將 ㅣㅣ ○쟈세 쟝긴

外郞 書吏 ○왜란

書員 ―― ○박시

筆帖式 飜清ᄒᆞ는사ᄅᆞᆷ ○빈하시

序班 ―― ○죠리머 배다부러 하반 一云쉬반

前程 벼ᄉᆞᆯ ○혈건

封爵 벼ᄉᆞᆯ봉ᄒᆞ다 ○봉넘비

贈職 ᄒᆞ다 ―― ○암챠머 봉넘비

謚號 ―― ○암챠머 부허 거부

品級 품 ○졀기

副 버금 ○일ᄒᆞ히 一云메련

正一品 ―― ○징귀니 우쥬 졀기

從二品 ―― ○일ᄒᆞ히 재 졀기

雜職 ―― ○부야라머 하반

告命 가ᄌᆞ ○봉녀헌

俸祿 녹 ○봉ᄒᆞ루

錢粮 뇨 ○챠량

罰俸 쥬봉ᄒᆞ다 ○봉ᄒᆞ루 배타하

職任 소임 ○투샨

履歷 ―― ○다 틀운

告暇 말믜 ○쇼로 又겨를

受由 ᄒᆞ다 ―― ○쇼로 뱜비

給由 ｜｜ᄒᆞ다 ○ 슈로 붐비

遞任 通稱마다 ○ 하람비

罷職 ｜｜ᄒᆞ다 ○ 헐건 어부워러허 一云헐건 나카부하

敘用 ｜｜ᄒᆞ다 ○ 다사머 배타람비

代監 ｜｜ᄒᆞ다 ○ 대ᄉᆞ람비

遷轉 ｜｜ᄒᆞ다 ○ 불고좀비 又 이리져리두로집다

致仕 ｜｜ᄒᆞ다 ○ 투산 치 나카붐비

等第 ｜｜ ○ 절기 일히

窠闕 ｜｜ ○ 오론 又星辰之辰

空窠 ｜｜ ○ 붕투 우후러허 오론

玉璽 ｜｜ ○ 보배

印 ｜ ○ 도론

押印 ｜｜인티다 ○ 도론 기담비

兵符 ｜｜ ○ 혼도호 모

標 ｜ ○ 텀거투

標信 ｜｜ ○ 악둔 텀거투

節鉞 ｜｜ ○ 야제 워

旌表 ｜｜ᄒᆞ다 ○ 이러투러머 텀거투렴비

除做官 벼ᄉᆞᆯᄒᆞ이다 ○ 하반 신담비

做官 벼ᄉᆞᆯᄒᆞ다 ○ 하반 텀비 一云하반 오호

官府

衙門 마을 ○야문

內閣 ㅣㅣ ○돌기 야문

戶部 戶曹 ○뵈곤 이 쥴간

兵部 兵曹 ○쵸해 쥴간

工部 工曹 ○웨ᄅ러러 쥴간

國子監 成均館 ○ᄋ귀 즈 간 야문

上駟院 司僕寺 ○덜기 아둔 이 야문

光祿寺 禮賓寺 ○캉ᄅ루스 야문

聽事 대령 ○팅 야문

議政府 ㅣㅣ ○허베 암반 이 야문

吏部 吏曹 ○하반 이 쥴간

禮部 禮曹 ○도로ᄅ론 이 쥴간

刑部 刑曹 ○베더러 쥴간

都察院 司憲府 ○우허리 배챠라 야문

欽天監 觀象監 ○긴 탼 갼 야문

鴻臚寺 通禮院 ○훙ᄅ루스 야문

太醫院 內醫院 ○태 이ᄋ 완 야문

官舍 긱샤 ○알ᄋ반 이 보

倉ㅣ ○창
廩ㅣ ○차헌
庫ㅣ ○우쿠
地窖 곡식붓눈움 ○어여

城郭

國 나라 ○우룬
宗廟ㅣㅣ ○마방리 묘
社稷ㅣㅣ ○셔 지
通國 온나라 ○우룬 이 갑치 一云 워루수 우룬
城子 셩 ○허쳔 ○或邑
堡 져근셩 ○호톤
都城ㅣㅣ ○두 허쳔 一云 거무러허 허쳔
京城 셔울 ○깅 허쳔
山城ㅣㅣ ○산 친
甕城ㅣㅣ ○부카
城垜子 셩가퀴 ○커러무
城水門ㅣㅣㅣ ○굴둔
垜口水眼 셩귀다야 ○십쿠리
闕ㅣ ○불단

闉廂 셩문밧좌우관 ○ 옹가리
城濠 히ᄌ ○ 우란

吊橋 뜨는다리 ○ 투허부얗 쿄
墩臺 연듸 ○ 홀롱톤 태

烽火 ㅣㅣ ○ 홀롱톤 투와
教場 습진터 ○ 꼬챤

隘口 막힌어귀 ○ 캄니 앙가
省 ㅣ ○ 골로

府 외방큰마올 ○ 부
縣 고을 ○ 햔

館驛 역 ○ 갸문
邊方 ㅣㅣ ○ 쟈서

境界 디경 ○ 져쳔
界關 경계뎡흔목칙 ○ 비러건

部落 ㅣㅣ ○ 애만
隣 이오자 ○ 아다키

閭閻 ㅣㅣ ○ 일건 이 발가
故鄕 ㅣㅣ ○ 터수바 一云 봉쥬리바

原籍 본 ○ 수수 ○ 或故鄕
鄕村 싀골 ○ 가샨

里 ᄆᆞ올 ○발。가

路 길 ○쥬군

程 一日ㅣ 之ㅣ ○온

道路 ㅣㅣ ○쥬군 타라

旱路 뉵노 ○올。혼 쥬군

岔路 가름길 ○살。쟈

抄路 즈름길 ○도쿄 쥬군 一云타루 쥬군

彎路 에음길 ○무단 이바

路隅 길모롱이 ○쥬군 이 무리한

沿路 ㅣㅣ ○쥬군 이 운두리

半途 ㅣㅣ ○쥬군 이 안다라

衚衕 골 ○날훈 개

死衚衕 막힌골 ○부투 개 一云목토 개

街上 길거리 ○개

土地 老兒 장승 ○바나 이 어젼분

宿站 잘참 ○더둔。又站

打過站 낫참 ○우뎐 이바

中火 ㅣㅣᄒᆞ다 ○우더럼비

遠 머다 ○골로

近 갓갑다 ○한치

遠方 먼곳 ○끄로키

近方 갓가온곳 ○한치키

集 쟝 ○후다 이사라 바

市上 져제 ○후대바 一云쿄

柵欄 리문 ○하타리

橋 ᄃᆞ리 ○쿄

搭橋 ᄃᆞ리놋타 ○쿄 챰비

獨木橋 외나모ᄃᆞ리 ○투한

跳過橋 징검ᄃᆞ리 ○타한

架子門 柵門 ○갸스 두카

鳳凰城 ㅣㅣㅣ ○붕황 쳥 호톤 一云부하찬

盛京 瀋陽 ○묵던

山海關 ㅣㅣㅣ ○샤나해

北京 ㅣㅣ ○버징

南京 ㅣㅣ ○난징

中原 ㅣㅣ ○중완

蒙古地方 ㅣㅣㅣㅣ ○몽고 타라

文學

文書 글○빋허

書契 ㅣㅣ○빋허 챠간

史冊 史記○수두리

四書 ㅣㅣ○스ᄋ 슈 빋허

五經 ㅣㅣ○순쟈 깅 니 빋허

詩 ㅣ○스ᄋ 빋허

賦 ㅣ○부 빋허

皇曆 칙벽○볼콘 톤 이 빋허

咨文 ㅣㅣ○야부부러 빋허

公文 ㅣㅣ○시뎐 야부부러 빋허

甘結 ㅣㅣ○부여머 악두라라 빋허

題目 글톄○티무

目錄 ㅣㅣ○쇼쇼혼 一云 벼련 이 톤

序 ㅣ○야루간 一云 쉬

榜 ㅣ○방

告示 방ㅣㅣ○갸스 빋허

小說 ㅣㅣ○쥬런 빋허

謄錄 척ㅣㅣ○당스

畫 그림○니루간

畫畫 그리다○니룸비

書信 편지 ○쟈시간
寄信 편지ᄒᆞ다 ○쟈심비

口傳信 전갈ᄒᆞ다 ○앙개 쟈심비
報單 ㅣㅣ ○보라 빈허或報狀

名貼 명함 ○배 려 빈허
師傅 스승 ○스우

徒弟 뎨ᄌᆞ ○샤비
工夫 ㅣㅣ ○키쳔

學業 ㅣㅣ ○타친
學了 비호다 ○타침비

文章 ㅣㅣ ○원 쟝
吟咏 읇죠어리다 ○일거붐비

作文章 글짓다 ○빈허 반지붐비
飜譯 ㅣㅣᄒᆞ다 ○빈허 우바랴붐비

教他 ᄀᆞᄅᆞ치다 ○타치붐비 一云타치햠비
誘引 ㅣㅣᄒᆞ다 ○야후담비

勸勉 권쟝ᄒᆞ다 ○ᄋᆞ허쳐붐비
效法 본밧다 ○얄ᄋᆞ후담비 一云송쾨롬비

讀書 글닑다 ○빈허 후람비
教讀書 글닑히다 ○빈허 후라붐비

念書 글탐ᄒᆞ다 ○빋허 비럼비

講書 글강ᄒᆞ다 ○빋허 걍남비

背念 외오다 ○셔지럼비

温習 글닉이다 ○빋허 우러붐비

勤謹 부즈런이ᄒᆞ다 ○키쳠비○又圖謀ᄒᆞ다

通了 ㅣᄒᆞ다 ○하붐비

傳 ㅣᄒᆞ다 ○우람비

字 글ᄌᆞ ○빋헤 헐건

註 ㅣ ○날훈 헐건

畫 ㅣ ○지쥰

劃了 획긋다 ○지줌비

剹畫 줄긋다 ○쥬숨비

點 ㅣ ○통키

打點 뎜티다 ○통키 기담비

圈 동고림 ○부카

圈了 동고리다 ○술담비

打圈 에우티다 ○쿠람비

寫字 글쓰다 ○빋허 아람비

平行寫 평항에쓰다 ○악타라머 아람비

擡頭寫 올려쓰다 ○투켜머 아람비

抄寫 글벗기다 ○빈허 도람비

正字寫 정히쓰다 ○김우려머 아람비

草字寫 초로쓰다 ○라시ᄒᆞ머 아람비

篆字寫 전ᄌᆞ쓰다 ○쿠부리머 아람비

押寫 눌러쓰다 ○기다머 아람비

謄眞 정서ᄒᆞ다 ○빈허 살갼비

判了書 글ᄶᅭ노다 ○빈허 피렴비

改正 通稱고치다 ○다삼비

塗抹 흐리오다 ○마후람비

草稿 글초 ○지스 一云갸ᅌ빈허

打草稿 글초잡다 ○지스렴비

紙 죠희 ○호샨

一打子紙 죠희ᄒᆞᆫ권 ○호샨 어무 갼

抄紙 죠희뜨다 ○호샨 허렴비 一云헐겁비

裁紙 죠ᄒᆡᄌᆞ졀ᄒᆞ다 ○호샨 기림비

筆 붓 ○빙

筆管 붓대 ○빙이 시한

筆帽 붓두겁 ○빙이 홈혼

戴筆帽 붓두겁세오다 ○홈호롬비

餂筆 붓에먹무티다 ○빙 우러붐비

墨 먹 ○버허

墨舊了 먹슈지다 ○버허 서넘비 一云버허 서럼비

硯 벼로 ○완

一編 ᄒᆞᆫ편 ○어무 벼런

書套 책갑 ○빈헤 돕톤

一部 ᄒᆞᆫ질 ○어무 요히 ○又ᄒᆞᆫ볼

選了 ᄲᅢ다 ○손좀비 ○又골히다

分別 ᄒᆞ다 ㅣㅣ ○일ᄋᆞ감비 ○又分揀ᄒᆞ다

科試 과거뵈다 ○심넘비 ○又試才ᄒᆞ다

詔書 ㅣㅣ ○죠 빈허

硏墨 먹마다 ○버허 쉼비

搽墨 먹칠ᄒᆞ다 ○버허럼비

本子 척 ○텁터린 ○又卷

一張 ᄒᆞᆫ장 ○어무 아바하

入套 갑에 녀타 ○돕토롬비

印出 ᄒᆞ다 ㅣㅣ ○슈스람비

試驗 ᄒᆞ다 ㅣㅣ ○쳔텀비

科擧 ㅣㅣ ○심번

薦擧 ᄒᆞ다 ㅣㅣ ○산 슈어 투치부허 一云투겸비

旨意 ㅣㅣ ○허스ᄋᆞ 又天命之命

特旨ㅣㅣ ○쵸호퇴 허스

下旨意 旨意ᄂᆞ리오다 ○허스 와십붐비

勅書ㅣㅣ ○어져허又긔록ᄒᆞ다

上表 표올리다 ○뵤 빈허 워십붐비

啓奏ᄒᆞ다ㅣㅣ ○워심붐비

奏聞ᄒᆞ다ㅣㅣ ○돈지부머 워심붐비

御覽ᄒᆞ다ㅣㅣ ○더러 투와부하

褒貶ㅣㅣ ○새샤라 우뱌라

武備

軍中ㅣㅣ ○댠

兵丁 군ᄉᆞ ○쵸하

馬軍ㅣㅣ ○모링가 쵸하

步軍ㅣㅣ ○야방한 쵸하

精兵ㅣㅣ ○시라하 쵸하

伏兵ㅣㅣ ○북시하 쵸하

戍兵 슈사리 군ᄉᆞ ○안뷰 쵸하

援兵 구완병 ○다라 쵸하 一云애시라라 쵸하

一枝兵ㅣㅣㅣ ○어무 갈간이 쵸하

炮手ㅣㅣ ○뵤챤 이 쵸하

漢軍 ㅣㅣ ○우젼 초하

滿軍 清軍 ○아리하 초하

前鋒 先鋒 ○갑시한

護內軍 禁軍 ○바야라

斷後軍 후샤뎌 ○반지 초하

巡檢淸人 ㅣㅣㅣㅣ ○카루

探知軍 ㅣㅣㅣ ○카룬 이 초하

土兵 ㅣㅣ ○터수 바이 초하

冷鋪 군포 ○초해 푸

軍隊 ㅣㅣ ○우런 一云 박산

行伍 ㅣㅣ ○쟈란 시

軍法 ㅣㅣ ○초해 방분 又軍令

發令 호령ᄒᆞ다 ○방부람비

發兵 군ᄉᆞ발ᄒᆞ다 ○초하람비

調兵 군ᄉᆞ시겨내다 ○초하 빙덤비

討策 모칙 ○알가 又쐬

謀計 ㅣㅣᄒᆞ다 ○알가담비

嚴緊 엄히ᄒᆞ다 ○치라람비

整齊 ᄀᆞ즉이ᄒᆞ다 ○텩시럼비

精選 ᄀᆞᆯ샏다 ○시림비 一云 실감비

預備ㅣㅣᄒᆞ다 ○븜험비 一云토솜비

令守직희오다 ○투캬붐비

排陣진티다 ○배단 배담비 一云잉 이라하

營ㅣ ○잉 一云쿠란

埋伏ㅣㅣᄒᆞ다 ○북심비

餌誘홀려내다 ○귀더붐비 一云얄캼비

圍着에워ᄊᆞ다 ○캄비○又막다

侵犯ㅣㅣᄒᆞ다 ○수춤비

攻戰싸호다 ○아밤비

血戰피나게싸호다 ○성기려머 아밤비

守了직희다 ○투캼비

陣ㅣ ○배단○又儀仗

習陣ㅣㅣᄒᆞ다 ○쵸하 우러붐비

拒他막ᄌᆞ르다 ○서럼섬비 一云이서럼비

敵人ㅣㅣ ○바타

征伐ㅣㅣᄒᆞ다 ○대람비

吶喊아오셩ᄒᆞ다 ○캐챰비

侵擾침노ᄒᆞ다 ○눙봄비

相戰서로싸호다 ○아반둠비

混戰어우러져싸호다 ○부머려머 아밤비

挾攻 셔티다 ○하빙타머 아밤비

敵他 ᄃᆡ젹ᄒᆞ다 ○박치람비○又對ᄒᆞ다

抗禦 ㅣㅣᄒᆞ다 ○얼。졈비

衝突 셰티다 ○비럼비

突入 ᄯᅮ르지르다 ○누훔비 一云본도롬비

追趕 ᄯᆞ로다 ○발감비 一云암챰비

趕不上 ᄯᆞ라밋지못ᄒᆞ다 ○암챠치 암부하쿠

掩襲 ㅣㅣᄒᆞ다 ○순다람비

擊破 파ᄒᆞ다 ○기다하○又陣겁칙ᄒᆞ다

厮殺 크게죽이다 ○암바라머 왐비

抗殺 뭇질러죽이다 ○캬리머 왐비

殺他 죽이다 ○왐비

剌了 지르다 ○토콤비

砍了 버히다 ○사침비

捍後 뒤홀막다 ○아마라 햔지람비

擾亂 ㅣㅣᄒᆞ다 ○불김비

敗走 ᄃᆞ라나다 ○부루람비

散了 흐터지다 ○삼시하

勝了 이긔다 ○어뎜비

負了 못이긔다 ○아나붐비 一云개붐비

搶人 싱금ᄒᆞ다 ○웨훈쟈밤비 一云올지람비

背叛 ㅣㅣᄒᆞ다 ○챳후람비

逃走 도망ᄒᆞ다 ○우캄비

受降 항복밧다 ○다하붐비

滅啊 멸ᄒᆞ다 ○무겨붐비

夷滅 ㅣㅣᄒᆞ다 ○순터붐비

附他 붓좃다 ○다얌비

報捷 쳡셔올리다 ○설키 벅시붐비

功 ㅣ○웅

擄掠 ㅣㅣᄒᆞ다 ○탑치람비

叛 ㅣᄒᆞ다 ○우바샴비

歸順 항복ᄒᆞ다 ○다함비○又좃다

亡啊 망ᄒᆞ다 ○우구약허

掃滅 ㅣㅣᄒᆞ다 ○거터럼붐비

招撫 붓좃게ᄒᆞ다 ○얼。빔비

恢復 ㅣㅣᄒᆞ다 ○다후머 갬비

班師 군ᄉᆞ도로혀다 ○촌하 버드럼비

賞了 ㅣᄒᆞ다 ○샹남비

軍器

頭盔 투구 ○사챠

甲 갑옷○욱신○又甲軍

披甲 갑옷닙다○욱시럼비

弓弩 소니활○누버리

弓把 활좀○버리 쟈바쿠

弓墊子 도고리○텁거

纏筋 힘감다○우러허럼비

上弓 활짓다○버리 타붐비

拉弓 활댱리다○버리 타람비

弓硬 활세다○버리 망가 一云버리 치라

戴盔 투구쓰다○사챠람비

甲裙 갑옷치마○두시히○又사마치

弓 활○버리

彈子弓 탄조활○탕기라쿠

弓弰 활고재○이권

弓弦 시위○우리

上樺 봇닙히다○아란 아람비

彈弓弦 활로기다○버리 암타람비

滿拉 마독긋다○다람비

弓軟 활무르다○버리 쟈 一云버리 우후권

卸弓 활부리오다 ○버리 칠검비

弓反身 활뒤텨지다 ○버리 우바랴카

左弓 왼활 ○하수태

右弓 올흔활 ○이치태

弓拿子 도지게 ○탕기쿠

箭 살 ○실단

令箭 ㅣㅣ ○텀거투 니루

火箭 신거젼 ○츄 니루

箭桿 살ㅅ대 ○실단 이 칙런

箭翎 살짓 ○실단 이 덜허

箭扣 살오늬 ○실단 이 원

箭鏃 살밋ㅅ ○실단 이 두버

鈚子箭 셔부조 ○니루

挑遠箭 마ᄂᆞᆫ대 ○칼。비쿠

骨鈚箭 솔살 ○쟌

襆頭 고도리 ○요로

桃皮 ㅣㅣ ○하수란

魚鰾 부레 ○암둔

先上鰾 부레소로다 ○암툰 빌。챰비

扮指子 각지 ○벌거툰

弓鈠俗 활동개 ○닷환

箭鈠俗 살동개 ○져버러

兩弓套 활우비 ○우치카

兩箭罩 살우비 ○야키

箭筒 ㅣㅣ ○콥돈

箭把子 관혁 ○애간

搭箭 살먹이다 ○숄。빔비

射箭 쏘다 ○갑람비

善射 잘쏘다 ○갑라라 망가

遠射 멀리쏘다 ○칼。빔비

向上射 끈지쏘다 ○옹약구럼비

騎射 긔추쏘다 ○남남비

打彈弓 탄ᄌᆞ쏘다 ○탕기람비

射撲頭 고도리쏘다 ○욜돔비

中啊 맛다 ○핌비

中了 맛치다 ○피붐비

一中 ㅣㅣ ○어무 다ㅇ 餘皆倣此

磞落 살퇴촉ᄒᆞ다 ○빙밤비 一云 툴。밤비

刀子 칼 ○왁시

大刀 언월도 ○쟝쿠

腰刀 환도 ○로오

順刀 단검 ○서러머

匕首 ㅣㅣ ○답치라쿠

刀刃 갈놀 ○져연

刀背 갈ㅅ등 ○야워시 건쳐헌

刀尖 갈끗 ○야워시 두버

快利 드다 ○다츈

鈍呵 무되다 ○모요

刀刃捲 갈놀저부러지다 ○져연 니라라카

刀刃崩 갈놀부러지다 ○져연 선더져허

刀揀子 갈마기 ○버신 이 톨ㅇ도혼

靶子 通稱 ᄌᆞ로 ○버신

刀鞘 갈집 ○야워시 홈혼

焠刀 갈드무다 ○져연 하람비

鐋刃 놀세오다 ○져연 힛함비

鋥磨 닥다 ○나람비ㅇ又ᄆᆞ다

磨刀 갈ᄀᆞ다 ○러검비

磨刀石 숫돌 ○러거

鎗 ㅣ ○기다

鋼釵 삼지창 ○샤카ㅇ又쇠ㅅ교챵이

鳥銃 丨丨 ○ 묘찬

火藥 丨丨 ○ 투왜 옥토

火炮 丨丨 ○ 포 ○ 又 대연교

火鐮 부쇠 ○ 야타라쿠

火石 부쇠ㅅ돌 ○ 힐。하

火繩 「丨 ○ 벙너힌

木棍 도라매 ○ 묵샨

截鎗 창으로지르다 ○ 기다람비

旗幅 긔ㅅ발 ○ 와단

八旗 丨丨 ○ 쟈쿤 구사

放鳥銃 됴춍놓타 ○ 묘차람비

鉛丸 텰환 ○ 무하란

放炮 丨丨ᄒᆞ다 ○ 포 신담비

打火鐮 부쇠티다 ○ 야타람비

火絨 부쇠ㅅ깃 ○ 벙너허

木棒 몽동이 ○ 매투

刀刺了 칼로지르다 ○ 야휘시럼비

旗 丨 ○ 키루

令旗 丨丨 ○ 텀거투 키루

鑲黃旗 丨丨 ○ 쿠부허 쉬얀

正黃旗 ｜｜ ○구루 쉬얀

正白旗 ｜｜ ○구루 샹갼

正紅旗 ｜｜ ○구루 불ㅇ갼

鑲白旗 ｜｜ ○쿠부허 샹갼

鑲紅旗 ｜｜ ○쿠부허 불ㅇ갼

正藍旗 ｜｜ ○구루 라문

鑲藍旗 ｜｜ ○쿠부허 라문

纛 ｜ ○투 又大旗

遮箭牌 방패 ○칼ㅇ간

柵木 거머 적 ○하한

鐵蒺藜 마름 쇠 ○닝갸 서러

雲梯 구름 드리 ○투기 완

海螺 고동 ○여허러 부런

吹螺 고동 부다 ○불뎜비

穹帳房 몽고 장막 ○몽고 뵤

帳房 장막 ○매간

弓棚子 방ㅅ 장 ○잠판

幔子 장 ○멍스

帷幄 ｜｜ ○타탄 토보

布涼棚 차일 ○챠챠리

支帳房 장막 티다 ○참비

支桿 通稱 버퇴 오ㄷ나무 ○수쟈한

政事

政事 ㅣㅣ ○다산

紀綱 ㅣㅣ ○허션 헐긴

道 ㅣ ○도로○又業

道統 ㅣㅣ ○도로 요소

法度 ㅣㅣ ○샤진 바분

規矩 ㅣㅣ ○쿄리

法 ㅣ ○바뷴

令 ㅣ ○설견

威 위엄 ○호론○又形勢○又毒

權 ㅣ ○토스

嚴 ㅣ 다 ○호롱요 一云방봉가

禁了 ㅣ 다 ○바부람비

教化 ㅣㅣ ○타치한 원

向化 ㅣㅣ 다 ○웜피

恩典 은덕 ○커시

恩惠 ㅣㅣ ○배리

惠澤 ㅣㅣ ○부러훈

太平 ㅣㅣ ○태빈

事務 ㅣㅣ ○배타 시타

私事 소소일 ○치쉬 배타

小事 효근일 ○허슈 하슈 이 배타

密事 비밀혼일 ○날훈 배타

治 다스리다 ○다삼비

撒亂 어즈러이구다 ○방츄후람비

官 구의 ○알。반

使之 부리다 ○타쿠람비

風俗 ㅣㅣ ○안 콕리

事情 일 ○배타

公事 ㅣㅣ ○시뎐 이 배타

冗雜事 허도래일 ○허투리 배타

常事 녜스일 ○안 이 배타

辦事 일출ᄒᆞ다 ○배타 이치함비 或일ᄒᆞ다

亂 어즈럽다 ○방츄훈

弊 폐단 ○졈뎐

官差 ㅣㅣ ○시뎐 이 타쿠란

布告 반포ᄒᆞ다 ○설。겸비

叅劾 논박ᄒᆞ다 ○와카람비

巡察 ㅣㅣᄒᆞ다 ○갸림비

譏察 ㅣㅣᄒᆞ다 ○부쥬루람비

賦稅 ㅣㅣ ○알반 슈러헌

湊斂 츄렴ᄒᆞ다 ○슈밤비

作班 번ᄶᅩ다 ○일두 반지붐비 或편ᄶᅩ다

下番 번나다 ○일두 아리붐비

代番 ㅣㅣᄒᆞ다 ○일두 당남비

適番 번마다 ○이두 갬비

議處 ㅣㅣᄒᆞ다 ○웨러 기수럼비

條奏 됴건됴건 엳ᄌᆞᆸ다 ○하치라머 워심붐비

巡邏 ㅣㅣᄒᆞ다 ○커더럼비

稅 샹고의셰 ○차분

抽稅 부셰 밧다 ○슈럼비

番 ㅣ ○이두 ○又班

上番 번드다 ○이두 도심비

輪番 번돌리다 ○일두람비

因番 ㅣㅣᄒᆞ다 ○이두 눌훔비

闕番 ㅣㅣᄒᆞ다 ○이두 봄투후럼비

處分 ㅣㅣᄒᆞ다 ○웨러 아람비

處置ㅣㅣᄒᆞ다 ○이치하며 가맘비

照例 젼례대로 ○콩리 송괴

禮度

禮ㅣ ○도로론

行禮 녜ᄒᆞ다 ○도로롬비 一云도로 아람비

拱手 꼴장지르다 ○가라 좌람비

鞠躬 ㅣㅣᄒᆞ다 ○버여 머홈비

作揖 읍ᄒᆞ다 ○챤쥬람비

磕頭 절ᄒᆞ다 ○헝키럼비

再拜 ㅣㅣᄒᆞ다 ○다히며 헝키럼비

侍 뫼시다 ○얼셤비 一云앗한 더 터허

跪 ᄭᅮ다 ○냐쿠람비

俯伏 ㅣㅣᄒᆞ다 ○약쥼비

謝恩 ㅣㅣᄒᆞ다 ○커시 더 헝키럼비

賀喜 하례 ○울운 이 도로

作謝 샤례ᄒᆞ다 ○바니하 붐비 一云바니하 아람비

生受 안심치아니타 ○바니하

進 나오다 ○이범비

退 무르다 ○버르럼비 ○又도라오다

祭祀 ㅣㅣ ○위쳔

祭天 天祭ᄒᆞ다 ○머렴비 一云쥬러시 붐비

供獻 졔믈버리다 ○도봄비

神享 흠향ᄒᆞ다 ○숙짐비

香爐 ㅣㅣ ○한 다부쿠

坐堂 좌긔ᄒᆞ다 ○야문 더 터허

進貢 죠공ᄒᆞ다 ○알ᄋᆞ반 쟈밤비

方物 ㅣㅣ ○터수 바이 쟈카 一云바치투치러 쟈카

議婚 ㅣㅣᄒᆞ다 ○살간 기수럼비

結親 사돈ᄒᆞ다 ○사두람비

行祭祀 졔ᄒᆞ다 ○위쳠비 一云쥬텀비

降神 ㅣㅣᄒᆞ다 ○챠츔비

祈禱 비다 ○쟐ᄋᆞ바림비

香 通稱 ㅣ ○한

上朝 죠회ᄒᆞ다 ○야무람비

淨鞭 蹕 ○아하다 슈시하

年貢 歲幣 ○아내 알ᄋᆞ반

禮物 ㅣㅣ ○도뢰 쟈카

合庚 궁합마초다 ○버틴 아쟈붐비

納幣 ㅣㅣ ○쟈반

婚姻 ㅣㅣ ○쥐부리 살간 개쟈라 一云나만 쟈밤비

婚宴 혼인잔채 ○영시 사린

結配耦 ᄶᅡᆨ짓다 ○홀。봄비

主人 ㅣㅣ ○뵈고지

客 ㅣ ○안타하

作東家 쥬인노롯ᄒᆞ다 ○뵈고지람비

請他 청ᄒᆞ다 ○소람비 一云헐。넘비

引導 ㅣㅣᄒᆞ마 ○야룸비

迎接 맛다 ○오돔비

宴 잔채 ○사린

開宴 잔채ᄒᆞ다 ○사리람비

餞送 ㅣㅣᄒᆞ다 ○부덤비 ○又送客

辭了 하직ᄒᆞ다 ○박챠라 도로 아람비

罷 ㅣᄒᆞ다 ○바참비 ○又허트러지다

樂器

樂 풍뉴 ○우쿠문

曲兒 곡됴 ○무단

琴 거믄고 ○긴

琵琶 ㅣㅣ ○비반

胡琴 호금 ○ 옹고춘

絃子 세줄거믄고 ○ 텅거리

箏 정 ○ 야투한

絃 줄 ○ 실거

彈了 트다 ○ 밭험비

笙 ㅣ ○ 박사라하 빙챠쿠

簧 ㅣ ○ 황 성거러

鍾 쇠북 ○ 즁

鼓 북 ○ 퉁건

鼓槌 북채 ○ 기순

擂鼓 북티다 ○ 퉁권 뭉비

石磬 ㅣㅣ ○ 킹

錚 증 ○ 챤 一云로

鐃鈸 바라 ○ 재다쿠

號頭 쥬라 ○ 부련

囉叭 라발 ○ 라바

太平嘯 ㅣㅣㅣ ○ 비러리

洞簫 퉁쇼 ○ 빙챠쿠

笛 뎌 ○ 허투 빙챠쿠

管 피리 ○ 보호론 빙챠쿠

吹 부다 ○빙참비 一云불겸비

歌曲兒 노래 ○우츈

唱歌 노래부르다 ○우츄렴비

唱歌詞 가ᄉᆞᄒᆞ다 ○퉁시람비

舞 춤 ○막신

打舞 춤추다 ○막심비

敲了 두드리다 ○보림비

鬼臉兒 탈광대 ○마후

孕產

喜身 ᄌᆞ식셔다 ○쥐 탁심비

重身 ᄌᆞ식비다 ○버여 쥴수 一云벙지러 바하

臨月 남삭 ○더두러 뱌

過了月 유월ᄒᆞ다 ○뱌 벙ᄏᆞ허

胎胞 틔 ○텁ᄋᆞᄏᆞ

轉胎 ᄌᆞ식비롯다 ○쥐 종쇼

分娩 ᄌᆞ식낫타 ○쥐 반지하 一云버여 이시히하

保赤子 아희보ᄉᆞᆲ피다 ○쥐 버 얼섬비

親嘴 입마초다 ○앙가 오좀비

拍背 등두ᄃᆞ리다 ○하빙샴비

背負 업다 ○쟈쟘비

嬌愛 경ᄌᆞ밧다 ○랑수람비

撒嬌 이릐ᄒᆞ다 ○하라샴비

襁褓 아희깃 ○마나가

把尿 오좀굿다 ○바걈비

化生 通稱 삼겨나다 ○반짐비○又사다

養活 기르다 ○우짐비

長了 通稱 ᄌᆞ라다 ○무룸비

已成 ᄆᆡ太다 ○화샴비○又납모길라

壽誕 탄일 ○얼더커 이넝기

生日 ｜｜ ○반지하 이넝기

梳洗

梳洗 ｜｜ᄒᆞ다 ○더러 이치함비

梳頭髮 마리빗다 ○우쥬 이짐비

編髮 마리ᄯᅡᆺ타 ○부녀허 이삼비

散頭髮 마리프다 ○부녀허 신담비

綰頭髮 샹토ᄶᅩᆺ다 ○부녀허 쇼솜비

鬆頭髮 마리족지다 ○우쥬 벙럼비

假髮 드릐 ○시라쿠

篦子 춤빗 ○멀허

漱口 양치믈ᄒᆞ다 ○앙가 실。걈비

洗臉 ᄂᆞᆺ싯다 ○더러 오봄비

粉 ㅣ ○분

粧飾 단장 ○먀미간

鬠子 빈혀 ○시빙쿠 一云챼스

耳墜子 귀엿골 ○안츈

鑷子 족집게 ○타타쿠

耳挖子 귀우개 ○샨 벙터쿠

梳子 어릐빗 ○이지분

剃頭 마리ᄡᆞᆨ다 ○우쥬 부심비

刷牙 샤조 ○웨허 다사쿠

篦子 비노 ○시사 우바

臙脂 ㅣㅣ ○뱐。又곤지

首帕 마리슈건 ○슈바

插鬠 빈혀ᄶᅩᆺ다 ○시빔비

鉸子 풀쇠 ○섬권

戒指 가락지 ○얘키분

鏡子 거울 ○부러약쿠

照鏡 거울보다 ○부러약셤비

粧飾了 단장ᄒᆞ다 ○야밈비

文飾 빗나게ᄭᅮ미다 ○양스람비

絟脚 발동히다 ○번허 보힘비

服飾

紗帽 ㅣㅣ ○앗항가 마하라

冠 ㅣ ○마하라 ○又마흐래

涼帽子 갓 ○보로

草帽子 초갓 ○서겨약

帽子 감토 ○감투

頂子 딩ᄌᆞ ○딩스

帽纓子 마흐래샹모 ○솔손

冠纓 갓신 ○절견

網子 망건 ○왕스

遮臉皮 볼셰 ○마후

衣裳 옷 ○어투약

衣服 ㅣㅣ ○어투약 아두

朝服 ㅣㅣ ○도뢰 어투약

團領 판ᄃᆡ ○얼우구머

補子 흉비 ○ 푸스

紛丨 ○ 후 반

袍子 웃옷 ○ 시지간

褂子 매쿠리 ○ 약루머

衫兒 젹삼 ○ 가하리

一重 홋 ○ 어무 울수 一云어물수

單衫 홋옷 ○ 어물수 어투약

夾 겹 ○ 쥴수

挾衣 겹옷 ○ 쥴수 어투약

齊肩褂 등지게 ○ 올보

綿襖子 핫옷 ○ 약분이 어투약

襖子 돌쎄 ○ 참치

小襖子 동돌쎄 ○ 쥬연

皮襖子 갓옷 ○ 집차

短皮褂 갓동옷 ○ 더허러

皮䘓 둔ᄌᆞ ○ 다후

毡褂子 담유삼옷 ○ 쟝치

斗蓬 빌쿠 ○ 너러약

雨衣 유삼 ○ 요단 又유단

簑衣 누역 ○ 너멀헌

套手 토슈 ○울ㅇ히툰

衣領 옷깃 ○울ㅇ훈

風領 털옷깃 ○몽곤 후시쿠

大襟 것섭 ○아다순

袖子 소매 ○울ㅇ히

馬蹄袖 ㅣㅣ ○와한

褶子 주름 ○슈반○又니맠살

衣邊 옷기슭 ○어투얔 부턴

閃邊 단두루다 ○비툼비

鑲邊 션두루다 ○얔붐비

綽邊 단졉다 ○빙멈비

衣面 옷것 ○어투얔 투얔

衣裏 옷안 ○어투얔 도코

吊裏 안올리다 ○도코밈비

單褲 고의 ○방쿠리

綿褲 바지 ○하리루쿠 一云 라얔

裙子 치마 ○후시한

襪子 보션 ○와스

毡襪子 담보션 ○보모치

暖襪子 너널 ○보지

裁縫 바ᄂᆞ질 ○우빙러 타부라

裁了 ᄆᆞᄅᆞ다 ○배탐비

使剪子 가의질ᄒᆞ다 ○하사람비

紉針 바ᄂᆞᆯ귀쎄다 ○서밈비

縫了 호다 ○우빙비

草縫 ᄉᆞᆺ다 ○시섬비

補綻 깁다 ○녀쳠비

衲一衲 누비다 ○삽심비

繡了 슈놋타 ○쇼럼비

新 새 ○이쳐

新的 새것 ○이청거

剗新 새롭게ᄒᆞ다 ○이쳠럼비

舊ㅣ ○벅

舊的 녯것 ○뱅거

舊了 낡다 ○벅러거

綴縮 구긔다 ○쇼욤비

霑汚了 무더더럽다 ○회람비

弊壞 헤여지다 ○마남비 又 달타

破透了 ᄠᅮ러지다 ○보도좀비

裂了 ᄶᅵ여지다 ○부더졈비

懸鶉 衣裳누ᄒᆞ다의샹이남 ○어투약 허셔너헙비

灰泥水 짓믈 ○수연

糨子 풀 ○후

粉子 무리 ○붕스 又푼조

糨粉 ᄂᆡ풀 ○냔챤

擠水 믈ᄶᆞ다 ○무커 시림비

漿之 풀먹이다 ○냔참비

疊起 접다 ○북담비 又가혀다

穿上 닙다 ○어툼비

重穿 섀닙다 ○집심비

反穿 뒤쳐닙다 ○투러시 어툼비

穿皮襖 갓옷닙다 ○집챠람비

冒衣 무롭다 ○너럼비

撩衣 옷거두추다 ○어투약 허럼비

開襟 옷가슴헤티다 ○어러럼비

脫衣裳 옷벗다 ○어투약 숨비

教脫 벗기다 ○수붐비

剝衣裳 옷벗기질르다 ○어투약 쿄쿄람비

裸體 벌거벗다 ○뉴우슈럼비

衣寬 옷너르다 ○어투약 뎔ᄋᆞ번

衣窄 옷좁다 ○어투약 캬키

帶子 ᄯᅴ ○우머순

品帶 ㅣㅣ ○도뢰 우머순

帶版子 ᄯᅴㅅ돈 ○토한

束帶 ᄯᅴᄯᅴ다 ○우머럼비 一云이머럼비

裩帶子 허리ᄯᅴ ○털。킨

繐子 수울 ○수버허 又화두

扢搭 믹듭 ○맘핀

旒絲 ㅣㅣ ○쉬허

打結子 믹줍밋다 ○톰치람비 一云곡짐비

挽結 밋다 ○맘핌비 一云방림비

纓子 신 ○구란

自抽窄 주다 ○이쿰비

撙了 주리다 ○입캄비

鈕子 단쵸 ○토혼

鈕扣 암단쵸 ○허허 토혼

扣鈕 단쵸ᄢᅵ오다 ○토호밈비

數珠 념쥬 ○어리허

面紗 ㅣㅣ ○인지리

手巾 ㅣㅣ ○봉쿠

汗巾 손슈건 ○항기순

佩帶 ᄎᆞ다 ○얏함비

荷包 주먼이 ○바두

裝囊 주먼이에 녀타 ○바두람비

被兒 니불 ○지버훈

褥子 요 ○싯허

坐褥 방셕 ○석더분

枕頭 벼개 ○칠쿠

枕着 볘다 ○치룸비

鋪着 通稱 ᄭᆞ다 ○석덤비

盖着 덥다 ○다심비

靴子 훠 ○굴하

皮靴 갓훠 ○갸반 굴하

鞋子 신 ○사부

綉鞋 슈신 ○왕나하 사부

鞋底 신창 ○사부 바탄

蔴鞋 메토리 ○올로 사부

兀剌 드로기 ○훼타머 굴하 一云 우라

木屐 나모신 ○타한

穿鞋 신신다 ○사부 어툼비

毡子 담 ○쟈부

猩猩毡 ||| ○싱 싱 쟌 쟈부

炕席 삿 ○덜히

卧单 큰보 ○와단

纏包 ᄆᆞ라ᄊᆞ다 ○후심비

罽子 털로ᄶᆞᆫ자리 ○계비수

凉席 돗 ○지지리 ○又지즤

袍袱 보 ○보분

包裹 ᄊᆞ다 ○우훔비

圍盖 두로ᄊᆞ다 ○부허렴비

飮食

飯 밥 ○부다

飯半生 밥서다 ○부다 쟈키리

氣到 음식쉬다 ○녁엄커비

開了 ᄭᅳᆯ타 ○부염빙 又가족벅ᄉᆞ기다

蒸飯 ᄶᅵᆫ밥 ○라라 부다

悶飯 ᄯᅴ오다 ○훅탐붐비

粥 | ○우얀 부다

熬了 달히다 ○뷔붐비 一云뷔붐비 又고으다

稠 되다 ○투민ᅌ 又 맛훈감ᄒᆞ다

稀 묽다 ○우얀

凝了 어리다 ○박잠비

粥皮 쥭니불 ○오로무

結皮 니불지때 ○오롬뱌

哈絡 국슈 ○항스

粉湯 슈면 ○하루

炒麪 미시 ○무시

餑餑 떡 ○어번

撒糕 시르떡 ○벗헌 어번

打糕 인절마 ○두머 어번

葉子餑餑 송편 ○압다하 어번

印子餑餑 살박은떡 ○두룬이 어번

餃子 조악 ○교스 어번

饅頭 상화 ○먼투

燒餅 지진떡 ○쇼빈

薄餅 젼병 ○너커런 쇼빈

油果子 과즐 ○솔호 빙

雞蛋糕 돍의알떡 ○움간 두룬

餡子 소 ○도

肉 고기 ○ 야리

肉塊 고기ㅅ덩이 ○ 야리 발시

前腿 압다리 ○ 비혀

後腿 뒷다리 ○ 숙사하

蹄子 족 ○ 발하

骨髓 골 ○ 움간

退毛 튀ᄒᆞ다 ○ 튀렴비

割開 버히다 ○ 배탐비

片片開 조각조각ᄡᅡᄒᆞ다 ○ 발시람비

細切 ᄌᆞᆫ게ᄡᅡᄒᆞ다 ○ 부룸비

劃開 오리다 ○ 지숨비

鱠鮓 通稱 회 ○ 사카 或 젓

刮刮 ᄀᆞᆰ다 ○ 솜비

湯炸肉 고기데치다 ○ 부랑걈비

爛煮 녹난ᄒᆞ다 ○ 라란지 오호

炒 ㅣᄒᆞ다 ○ 쵸람비

炒穀 곡식복다 ○ 랏감비

炸菜 ᄂᆞ물데치다 ○ 헌험비

油炸 지지다 ○ 챠룸비

蒸了 ᄶᅵ다 ○ 더렴비

煮了 숢다 ○ 부츔비

燒了 굽다 ○ 쇼롬비

烤烘 쬐야 몰뢰오다 ○ 뱌쿰비

攤蛋 알붓다 ○ 타람비

攪了 석다 ○ 쉬람비 一云우춤비

和麵 반죽ᄒᆞ다 ○ 우바 쉼비

生的 ᄂᆞᆯ것 ○ 얼ᄒᆞᆫ又선것

黃酒 술 ○ 누러

醴酒 감쥬 ○ 냐라

末淋酒 만믈 ○ 시샤 알키

烙爆 복다 通稱 ○ 보람비

燎了 그슬리다 ○ 부치하람비

烤焦 눋다 ○ 하사카빙又솓그읃다

和攪 ᄐᆞ다 ○ 아챠붐빙又應ᄒᆞ다

攪混 버무리다 ○ 부머럼비 一云쿤훔비

攪和 ᄆᆞ다 ○ 바람비

熟了 닉다 通稱 ○ 우러허

燒酒 ㅣㅣ ○ 알키

濁酒 ㅣㅣ ○ 바하라 누러

釃一釃 거르다 ○ 헐검비又밧다

燒酒粕 쇼쥬ㅅ즈의 ○바쥬

酒糟 지강 ○어순○又믜온놈

酒麯 누록 ○햐햐○又메조

酒醶 술맛되다 ○누러 하탄

酒龍多 술무눅다 ○누러 니탄

醉了 ㅣ다ᄒᆞ ○속톰비

有酒意 취ᄒᆞ시다 ○누러더 바하부합비

狠醉了 니취ᄒᆞ다 ○허퍼러거비

使酒人 쥬졍ᄒᆞᄂᆞᆫ사ᄅᆞᆷ ○쉬햐투

撒酒風 쥬졍ᄒᆞ다 ○쉬햐ᇰ비

酒醒了 술ᄭᆡ다 ○누러 수붐비

酒鬼 쥬망 ○속토쿠

飯菜 반찬 ○보하

酒菜 안쥬 ○새쿠

豆腐 ㅣㅣ ○드부

空湯 고기숣믄믈 ○시라

肉醬 ㅣㅣ ○샤순

湯 국 通稱 ○샤시한

茶 차 ○채

清茶 ㅣㅣ ○겅견 채

奶子茶 타락차 ○순 채

砂糖 ㅣㅣ○샤탄

白糖 엿○마탄

醬 ㅣ○미순

油 通稱 기름○니멍기

滷水 ᄀᆞᆫ슈○루 쉬

茶飯 차반○안쥬

乾糧 ㅣㅣ○쥬버련

烟袋 담ᄇᆡᆺ대○담바구 대

盛着 담다○러붐비又술빗다

蜂蜜 ᄭᅮᆯ○힙수

八寶糖 ㅣㅣㅣ○두룬 이 샤탄

塩 소곰○답순

清醬 ᄀᆞᆫ장○검견 미순

醋 ㅣ○쥬순 무커

加塩 通稱 저리다○기담비又強勸ᄒᆞ다

行饌 ㅣㅣ○약너순

烟 담ᄇᆡ○담바구

吃烟 담ᄇᆡ먹다○담바구 오림비

温呵 ᄯᅳᆺᄯᅳᆺᄒᆞ다○부루칸

溫些 밍근ᄒᆞ다 ○분츄훈

熅一熅 더이다 ○원졈비

撈了 건지다 ○허럼비 一云와람비

水渣滓 믈쯔의 ○무케 악샨

味 맛 ○암탄

滋味 ㅣㅣ ○암탄 심턴

酸 싀다 ○쥬슈윤

苦 쓰다 ○고시혼

醎 ᄧᅡ다 ○하투훈

澁 ᄯᅥᆲ다 ○빙억츄윤

淸了 식다 ○샤후람비

淘沙 이다 ○워럼비○又치오다

泔水 ᄯᅳ믈 ○수란

瀝溜 ᄣᅴ오다 ○서졈비

有味的 맛나다 ○암탕가

變味 ㅣㅣᄒᆞ다 ○암탄 갈랴카비

甜 ᄃᆞ다 ○쟌츄훈

辣 밉다 ○불긴

淡 승겁다 ○니탄

香 고소다 ○와 샌

腥 비리다 ○ 넌츄훈

臊氣 노린내 ○ 붕슌 ○ 又 죠린내

硬 질긔다 ○ 사러민

氣 내 ○ 와

聞聞 내맛다 ○ 왕캼비

霉了 곰팡쓰다 ○ 우바카비

香氣 撲鼻 향긔롭다 ○ 술 슈어 와바하

喫飯 밥먹다 ○ 부다 졈비 一云 부다 람비

去喫 먹으라가다 ○ 져거넘비

喫罷 먹으라 ○ 져부 一云 져치나

葷 누리다 ○ 영슌

軟 므르다 ○ 우후컨

剛 세다 ○ 망가

摻氣 악취 ○ 와훈

油辣 졋다 ○ 악샤카비

爛了 석엇다 ○ 냐하비

喫了 通稱 먹다 ○ 졈비

來喫 먹으라오다 ○ 져컨짐비

打夥兒喫 여러히 먹다 ○ 져눔비

喫過了 먹엇다 ○ 져거

温些 밍근ᄒᆞ다 ○분츄훈

熅一熅 더이다 ○원졈비

撈了 건지다 ○허럼비 一云와람비

水渣滓 물의 쯔 ○무게 악샨

味 맛 ○암탄

滋味 ㅣㅣ ○암탄 심뎐

酸 싀다 ○쥬슈운

苦 쓰다 ○고시혼

鹹 ᄶᆞ다 ○하투훈

澁 떫다 ○벙츄운

清了 식다 ○샤후람비

淘沙 이다 ○워럼비 ○又 치오다

泔水 쓰믈 ○수란

瀝溜 쐬오다 ○서겸비

有味的 맛나다 ○암탕가

變味 ㅣㅣᄒᆞ다 ○암탄 캐랴카비

甜 ᄃᆞ다 ○쟌츄훈

辣 ᄆᆡᆸ다 ○불긴

淡 슴겁다 ○니탄

香 고소다 ○와 샌

嬿肥膩 흐믓ᄒᆞ다 ○ 뇨로츄카

飽了 비부루다 ○ 어빔비

噎了 샤릐드다 ○ 성서럼비

吐哺 비얏다 ○ 쥬람비 一云와람비

煤火 숫불 ○ 야하○又숫

堆柴火 우둥ㅅ불 ○ 이한 이 투와

火燃 불니러나다 ○ 투와 연덤비

火燒 불붓다 ○ 투와 담비 一云투와 두럼비

向火 불쬐다 ○ 투와 피럼비

火烟 ᄂᆡ ○ 샹갼

食量 ㅣㅣ ○ 시신

饐了 목메다 ○ 치럼비

嗓子閣剌 가싀걸리다 ○ 하감비

火 불 ○ 투와

野火 들ㅅ불 ○ 덩진 투와

火焰 불ㅅ꼿 ○ 투왜 굴긴

燒火 불ᄯᅡ히다 ○ 투와 신담비 一云투와 데짐비

吹火 불부다 ○ 투와 불ᅌ겸비

燒了 ᄉᆞ로다 ○ 데짐비

燻了 ᄂᆡ쏘이다 ○ 방샴비○又버품기당

灰 지 ○ 부렁기

灰塵 몬지 ○ 오롱기

成燼 소희다 ○ 길。감비

石炭 ㅣㅣ ○ 워허 야하

竈煤 그으름 ○ 얄。망기

鍋煤 거믜양 ○ 야쿠

同文類解上終

同文類解

坤

同文類解

坤

同文類解目錄

下卷

同文類解下

田農

旱田 받 ○우신
水田 논 ○무게 우신 一云한두 치스

井田 ｜｜ ○챠힌 이 우신
好田 됴흔 받 ○휘키 우신

薄田 됴티아니 받 ○힝거 우신
瘦田 브린 받 ○와랴하 우신

耕田 받 가다 ○타림비
開荒 받니로다 ○숙사람비

𪎰田 받뒤혀다 ○우신 우바샴비
一晌田 흐나잘가리 ○어무 치말리 우신

菜田 ᄂᆞ몰받 ○치스
荒地 달호지 아닌따 ○도란 이바

畝 ｜｜ ○우신 이덜허
阡陌 ｜｜ ○우쟌 야루

頃 이랑 ○이룬
庄地 룡소 ○톡소 一云투리

打糧場 마당 ○ 저 방란

種子 通稱 씨 ○ 우스

撒種子 씨ᄲᅧᆺ타 ○ 우섬비

芽 움 ○ 알순

苗 삭 ○ 알간

發芽 삭나다 ○ 알가남비

栽了 通稱 시므다 ○ 터붐비

培本 붓도도다 ○ 우후셤비

漸漸長 졈졈ᄌᆞ라다 ○ 불후럼비

發穗 곡식픠다 ○ 져ᄋ쿠 나만 이랍합

穗子 이삭 ○ 수이허

穗長 이삭ᄌᆞ라다 ○ 쉬허넘비

穗合縈 믈여믈드다 ○ 져ᄋ쿠 수치럼비

穗垂 고개수기다 ○ 수하라가비

實了 여무다 ○ 만둠비

豆角 고토리 ○ 호호

結角兒 고토리미티다 ○ 호호놈비

早穀 이른곡식 ○ 부루 져ᄋ쿠

晩穀 느즌곡식 ○ 나다 져ᄋ쿠

穀楂子 그르 ○ 허오허

打糧 곡식두드리다 ○져쿠 둠비

碾了 곡식ᄆᆞ다 ○녀럼비 ○又다등인ᄒᆞ다

颩颩 븟도딜ᄒᆞ다 ○어둥겸비

垂損 곡식버레먹다 ○져쿠 터머너허비

鋤草 기음ᄆᆡ다 ○양삼비

撮梢 솟고다 ○살캼비

摳了 通稱 삷다 ○이삼비

挑揀 킈다 ○구룸비

摘了 ᄯᆞ다 ○바탐비

刈了 뷔다 ○하둠비

荒蕪 거츠다 ○슈넘비

犁兒 보십 ○안쟈

鋤頭 호믜 ○호민

鐮子 낟 ○하두분

連耞 도리채 ○두쿠

碾子 구을매 ○모스라쿠 一云 터러쿠

磨兒 돌매 ○후쥬러쿠

磨一磨 매ᄆᆞ다 ○후쥬럼비

碓子 방하 ○허련

碓窩 확 ○오고 一云 오

碓嘴 방하ㅅ고 ○ 홍코

杵臼 절고 ○ 헌쳐쿠

米杵 졀고ㅅ고 ○ 춍키샤쿠

播擣 씻타 ○ 헌졈비 一云뉴옹비

簸箕 키 ○ 뵤

簸一簸 까부다 ○ 숙숨비

米穀

穀 곡식 ○ 져쿠 又飮食

大米 쌀 ○ 버러

水稻 벼 ○ 한두

粘米 좁쌀 ○ 여여 버러

老米 쌀ㅣㅣ ○ 로미 버러

大黃米 기장 ○ 이라

小米 좁쌀 ○ 져 버러

大麥 보리 ○ 무지

小麥 밀 ○ 매스

蕎麥 모밀 ○ 머러

鈴鐺麥 귀우리 ○ 알바

小黃米 조 ○ 빙시허

粘黃米 ᄎᆞᆯ기장 ○ 여여 이라

高粱米 슈슈 ○ 슈슈

稗子米 피 ○ 히버

草珠米 율모 ○ 호림파

黃豆 콩 ○ 투리

小豆 ᄑᆞᆺ ○ 시사

菉豆 ㅣㅣ ○ 리두

豇豆 동비 ○ 걍두

芝麻 ᄎᆞᆷᄭᅢ ○ 지마 마랑구

蘇子 들ᄭᅢ ○ 사하란 마랑구

油麻子 기름ᄶᆞᄂᆞᆫ 씨앗 ○ 빙지리

米粒子 ᄡᆞᆯ알 ○ 벌ᇰ거

碎米 ᄡᆞᆯ악이 ○ 니지허 버러

麪 ᄀᆞᄅᆞ ○ 우바

磨麪 ᄀᆞᄅᆞ 민ᄃᆞ다 ○ 우밤비

粃子 죽정이 ○ 보호미

糠 겨 ○ 아라

油楂 ᄭᅢᆺ묵 ○ 마산

菜蔬

菜 ᄂᆞ몰 ○ 소ᄀᆡ ○又 치

蘿蔔 무우 ○ 물ㅇ사

蔓菁 쉿무 우 ○ 먼지

生薑 ㅣㅣ ○ 걍

芥子 계ᄌᆞ ○ 할기 소ᄀᆡ 이 우ᄌᆞ

葱菜 파 ○ 어루

大蒜 마ᄂᆞᆯ ○ 싼다

韮菜 부치 ○ 성우쿠러

小根菜 돌랑 귀 ○ 마샤

黄苽 외 ○ 나산 흥귀

冬苽 동화 ○ 칠우쿠 흥귀

茄子 가지 ○ 하시

水茄子 슈가 지 ○ 무케 하시

芹菜 미나 리 ○ 긴타라

白菜 비치 ○ 배스 一云라부 소ᄀᆡ

生菜 상치 ○ 나무

拳頭菜 고사 리 ○ 북타라

海菜 머육 ○ 카넌

海帶菜 다ᄉᆞ 마 ○ 베허

芥菜 갓 ○ 할기 소ᄀᆡ

葵菜 아옥 ○ 아부하
甘薺菜 나히 ○ 나지바

竹筍 ㅣㅣ ○ 츄스모이알숀
山藥 마 ○ 샨요

葫蘆 박 ○ 호토
葫蘆條 박우거리 ○ 슈루비 올호부하 호토

蘑菇 버슷 ○ 머우
木耳 남버슷 ○ 산챠

香蕈 표고 ○ 싱거리 샨
蓼莪菜 여괴 ○ 쟐민

莔蒿菜 평지 ○ 엄피
羊蹄菜 소로장이 ○ 엄파

酸漿菜 승아 ○ 쥬셤파
蒼朮菜 삽쥬 ○ 삭타

莧菜 비름 ○ 벼런 소기
灰菜 명화지 ○ 우러 소기

馬蹄菜 곰드릭 ○ 캉두리
沙蔘 더덕 ○ 후후츄

苦菜 씀바괴 ○ 샤리
赤根菜 시근치 ○ 부라 소기

豆芽菜 콩기름 ○알수부하 투리

醬芥子 쟝앗디이 ○쟝갼

紫菜 ᄎᆞ조기 ○즈채

苦蕒 도랏 ○톡토바

醎菜 침ᄎᆡ ○나산

絲菰 수세외 ○메허투 흥거

薄荷 ㅣㅣ ○발。사

果品

果子 과실 ○투비허 ○又여름

荔芰 ㅣㅣ ○리지

金橘 귤 ○긘스

柑子 ㅣㅣ ○간 스

柹子 감 ○모이하시 一云샤얀하시

龍眼 ㅣㅣ ○룽얀

橙子 등뎡 ○쳔스

佛手 ㅣㅣ ○보쟈

柚子 ㅣㅣ ○우 스

柿餅 곶감 ○하시 샤탄

棗兒 대쵸 ○ 소로
栗子 밤 ○ 잔츄훈 우시하

松子 잣 ○ 후리
核桃 호도 ○ 마스 우시하

榛子 개얌 ○ 시시
榧子 ㅣㅣ ○ 뷔스

蓮子 련ㅅ밤 ○ 슈 일개 바하
梨兒 비 ○ 숄거

李子 외얏 ○ 보요로
沙果 ㅣㅣ ○ 샤ㅍ

葡萄 ㅣㅣ ○ 무츄
馬乳葡 흑포도 ○ 보로코 무츄

檳子 님금 ○ 빈스
蘋婆果 굴근님금 ○ 핑우

杏子 숄고 ○ 귀러허
桃子 복쇼아 ○ 토로

梅子 미실 ○ 메스
石榴 ㅣㅣ ○ 시리ㄱ

木瓜 ㅣㅣ ○ 무과
櫻桃 ㅣㅣ ○ 잉토리

郁李 산이스랏 ○ 우리

山裏紅 아가외 ○ 산리훙

軟棗 ᄃᆞ래 ○ 우ᄅᆞ루리

臭李子 머루 ○ 영거

枸杞子 ㅣㅣㅣ ○ 우나

五味子 ㅣㅣㅣ ○ 미수 후시하

胡椒 ㅣㅣ ○ 후 쟌

地椹 ᄯᆞᆯ기 ○ 일。하무거

紅姑娘 ᄣᅡ리 아 ○ 우ᄋᆞᆸ우

菱角 마름 ○ 닝갸

榛子 잣송이 ○ 바햐

白果 은힝 ○ 버ᅌᅭ

桑椹 오ᄃᆡ ○ 니마란 이 바하

西瓜 슈박 ○ 둥가

西瓜子 슈박씨 ○ 둥가 우스

甜瓜 ᄎᆞᆷ외 ○ 쟌츄훈 훙거

蜜泥果 졍과 ○ 슈기

果殼子 파실각디 ○ 놉호

殼裏皮 보믜 ○ 우리하

剝皮 겁딜벗기다 ○ 화걈비

磕開 ᄭᆡ다 ○ 카랑비

果核子 ᄡᅵ파실 ○ 바하

結子 ᄡᅵ미티다 ○ 방하남비

去核子 ᄡᅵᄇᆞᄅᆞ다 ○ 방하 쥬랑비

空殼子 通稱뷘주거리 ○ 우루○죤알

結粃子 뷘주걸디다 ○ 우루너허비

果生虫 버레나다 ○ 우야하나하

並蒂子 어우렁이 ○ 카바

疾病

病| ○ 니머우

病了 병드다 ○ 니머우러허비

害病 병알타 ○ 니멈비 一云빈탐비

病人 병든사롬 ○ 니머쿵거

呻吟 ||ᄒᆞ다 ○ 니둠비

勉强 강잉ᄒᆞ다 ○ 카툰잠비

身子不快 몸셩치못ᄒᆞ다 ○ 버여 치하쿠

喉聾 失音ᄒᆞ다 ○ 허러 부루붐비

咽喉吊了 목졋지다 ○ 거우 투허거

害鼻淵 곳불ᄒᆞ다 ○ 왕갸나하비

感冒 ᄒᆞ다|| ○ 샤후라카비

傷寒 || ○ 할카시

癨亂 || ○ 호롱소 니머우쿠

泄瀉 ᄒᆞ다|| ○ 허버려넘비 一云소솜비

痢疾 || ○ 널。힌 니머우쿠

下痢 니질ᄒᆞ다 ○ 널。히 허버려넘비

半日病 학질 ○ 인더헌 니머우쿠

中風 ᄒᆞ다|| ○ 어두려허비 ○又驚風ᄒᆞ다

害暑 더위드다 ○ 할훈 더 다바나하

中暑 더위마기다 ○ 차림비

痰症 || ○ 탄 덕어더허

黃疸 || ○ 숄로코 니머우쿠

疝氣 산증 ○ 두헌 애비하비

瘟疫 염병 ○ 거리 니머우쿠

瘋了 미치다 ○ 이바간 대라하비 一云부다시후라하비

飽悶 ᄒᆞ다|| ○ 쳐운

煩懣 ᄒᆞ다|| ○ 우쥰 ○又굿굽ᄒᆞ다

心疼 가슴알타 ○ 냐만 쟈가 니멈비

酸疼 싀근싀근ᄒᆞ다 ○ 싱걍비

刺疼 쓸알히다 ○ 고심비

發昏 혼졀ᄒᆞ다 ○ 바라가비 一云 카람비

昏沉 ㅣㅣᄒᆞ다 ○ 물후 발훈

呆了 어리다 ○ 머너러거비

說鬼話 셤어ᄒᆞ다 ○ 부쳐리 도ᄌᆞ카비

肉戰 ᄉᆞᆯ셜리다 ○ 카ᄉᆞ샴비

送痘 송신ᄒᆞ다 ○ 마마 부덤비

水痘 ᄯᅳ리 ○ 모요

遍瘡 헐뭇다 ○ 요남비

黶唇 슌죵 ○ 얼버

生癬 버즘 ○ 버런

發熱 번열ᄒᆞ다 ○ 원졉비 一云 기라참비

麻呵 저리다 ○ 붐비

頭暈 마리어즐ᄒᆞ다 ○ 우쥬 려렴비

打戰 通稱 셔다 ○ 숄겁비 一云 숄거졉비

出花兒 역질ᄒᆞ다 ○ 마마 얼셤비

疹子 되야기 ○ 아지거 마마

瘡 챵죵 ○ 요

口瘡 ㅣㅣ ○ 부루

疥瘡 옴 ○ 허두

疔瘡 텽죵 ○ 후툰 하부캬 요

痔瘡 치질 ○ 지ᄋ 촹 니머약

漏瘡 ㅣㅣ ○ 슐투약 요

楊梅瘡 당옴 ○ 니간 요 一云샤진 요

癤子 부으름 ○ 니샬간

背疽 등창 ○ 할ᄋ다 요

瘰癧 년쥬창 ○ 칠ᄋ 친

生瘰癧 년쥬창나다 ○ 칠ᄋ 친나하비

癭瘤 혹 ○ 닝댠

拴馬摏 쥐젓 ○ 싱거리 ᄋ후ᄋ훈

眼丹 ᄃ라치 ○ 징갸

生耳底 귀젓나다 ○ 샨 술ᄋ ᄋ훔비

惡指 싱호손알타 ○ 숨ᄋ훈 쳘ᄋ훠너허비

鷄眼 틔눈 ○ 니마하 야사

腫了 븟다 ○ 애빔비

癢癢 ᄆᆞ렵다 ○ 요참비

搔癢 긁다 ○ 와샴비 一云우샴비

瘡出頭 부리짓다 ○ 앙가 투치거

會膿 곰다 ○ 냐숨비

瘡破 죵기터지다 ○ 부서져허

破瘡 ㅣㅣᄒᆞ다 ○ 부서럼비

擠瘡 종긔ᄶ다 ○ 요 시림비

濃水 고롬 ○ 나키

黃水 진믈 ○ 슈라

瘡根 ㅣㅣ ○ 허더

瘡痂 더뎡이 ○ 오훌허

瘡坐痂 더뎡이지다 ○ 오훌허 너허비

瘡口平 암그다 ○ 죠힘비

瘡疤 허믈 ○ 발툰

起痱子 ᄯᆞᆷ되돗다 ○ 네 요 덕더허

鬼飯 疙疸 두드러기나다 ○ 에뮨 덕더허 一云 에부너허

禿子 믠머리 ○ 우쥬 호토

耳聾的 귀머거리 ○ 샨 두투

矮子 난쟝이 ○ 막쟌

疤子 곰쟝이 ○ 북투

蹶子 저는놈 ○ 도호론

瘸了 通稱 저다 ○ 도호솜비

閃腰 허리ᄀᆞ뭇다 ○ 다라 끌로호

豁唇子 언쳥이 ○ 옴쵸코

雞蓄眼 알더긴눈 ○ 넝거

瞎一眼 ᄒᆞᆫ눈머다 ○ 각다 ○又 전태

瞎厮 쇼경 ○ 도고

短舌頭 혀뎌르다 ○ 야야담비

期期 말더두어리다 ○ 기순 탄쟘비

結吧 더두어리다 ○ 험퍼

嘴僵子 반벙어리 ○ 부부연

啞吧 벙어리 ○ 허러

傷 대ᄒᆞ ○ 벙여 바하

碾傷 술버서지다 ○ 뇽가쟘비 一云 놀타쟘비

血瘀住 피지다 ○ 성기 우람비

傷青 다쳐프르다 ○ 뇽룸비

燎炮 데여부프다 ○ 붓허넘비

刺子 가싀 ○ 우

戳刺 가싀바키다 ○ 누캄비

皴了 트다 ○ 봄비

起繭子 틱다 ○ 소놈비

鞭根痕 매ㅅ자곡 ○ ㅇ쿠벌헌

久病 ㅣㅣ ○ 숩시 니머ㅇ쿠 一云실퀴 니머ㅇ쿠

病纏綿 병에ᄊᆞ이다 ○ 니머ㅇ쿠 더 후십부합비

瘦乾 격골ᄒᆞ다 ○ 압삼비

殘疾了 병폐ᄒᆞ다 ○ 쟈다하라 하비

病重 ㅣㅣᄒᆞ다 ○ 니머쿠 우져러허 一云 니머쿠 망가라하

病落炕 몸져눕다 ○ 니머머 나가람비

醫藥

藥材 약 ○ 옥토

丸藥 ㅣㅣ ○ 완스 옥토

膏藥 ㅣㅣ ○ 갈요

醫病 병고치다 ○ 대부람비 一云 니머쿠 다삼비

救療 ㅣㅣᄒᆞ다 ○ 애투붐비 ○又救濟ᄒᆞ다

診脉 ㅣㅣᄒᆞ다 ○ 머 쟈밤비

鍼 침 ○ 나만

下鍼 침주다 ○ 나마람비

艾灸 ᄯᅳᆷ질ᄒᆞ다 ○ 쉬하 신담비

拔火鑵子 ᄯᅳᆷ단지ᄒᆞ다 ○ 숩간 고침비

取汗 ᄯᆞᆷ내다 ○ 네 갬비

得了汗 발표ᄒᆞ다 ○ 무단 바하

病少間 병우연ᄒᆞ다 ○ 니머쿠 수라카 오호 一云 니머쿠 쟈카라하

甦醒 되ᄭᅵ다 ○ 애투하비

死而復生 죽은것다시사다 ○ 웨쥬허

病痊 병낫다 ○ 니머쿠 여버 오호

痊愈 쾌복ᄒᆞ다 ○ 니어쿠 두러커

喪葬

喪事 ｜｜ ○ 죠볼른 ○又憂患○又禍

薨阿 薨ᄒᆞ다 ○ 부루부하

没了 尊稱죽다 ○ 아쿠 오호 一云우바라하

命盡 絶命ᄒᆞ다 ○ 얼권 야다하

自刎 ｜｜ᄒᆞ다 ○ 이니 몽븐 버이 배타하

遺囑 유언ᄒᆞ다 ○ 털헌툼비

喪子 ᄌᆞ식죽이다 ○ 쥐 와랴하 一云쥐 더여허

愁懷 근심 ○ 죠보쥰

崩啊 崩ᄒᆞ다 ○ 우리허

卒啊 卒ᄒᆞ다 ○ 두버허

死了 通稱죽다 ○ 부쳐허

自裁 ᄌᆞ쳐ᄒᆞ다 ○ 버여 아라하

自縊了 목ᄆᆡ여죽다 ○ 이니 치쉬 방시머 부쳐허

丁憂 지상ᄒᆞ다 ○ 시나가람비

禍事了 通稱일만나다 ○ 투삼비

愁懷了 근심ᄒᆞ다 ○ 죠봄비

愁心 ᄒᆞ다｜｜ ○ 죠보숌비

惆悵 ᄒᆞ다｜｜ ○ 우삼비

嗚咽 목몌여우다 ○ 무지머 송곰비

含淚 눈믈머금다 ○ 야새 무커 하ᄫᅵ람비

涕泣 ᄒᆞ다｜｜ ○ 속심비

流涕 눈믈흘리다 ○ 야새 무커 투허붐비

可哀 슬프다 ○ 우사츄카

哀了 슬허ᄒᆞ다 ○ 코롬비

苦啊 셟다 ○ 고시훈

傷痛 설워ᄒᆞ다 ○ 아캄비 一云 우럼비

哭了 우다 ○ 송곰비

痛哭 ᄒᆞ다｜｜ ○ 고시홀로머 송곰비

吊問 ᄒᆞ다｜｜ ○ 시나간 더 아챠남비

屍身 주검 ○ 기란 又 骸骨

殯殮 렴습ᄒᆞ다 ○ 기란 이치햠비 ○ 又 治喪ᄒᆞ다

棺材 판 ○ 호보 一云 터툰

盛棺材 入棺ᄒᆞ다 ○ 호보 더 터붐비

槨 외판 ○ 무선 一云 훌호

孝 거상 ○ 시나간

孝服 상복 ○ 시나히

斬衰 ｜｜ ○ 숩거리 어투약

齊衰 ｜｜ ○ 비머허 어투약

穿孝 거상 닙다 ○ 시나히람비

脫孝 거상 벗다 ○ 시나히 수허

孝帶子 띄거상 ○ 수버허

朞年服 ｜｜ ○ 어무 바룬이 시나간

送殯 발인 ᄒᆞ다 ○ 기란 투치붐비

魂幡 銘旌 ○ 야루간 이 방스

紙錢 ｜｜ ○ 호샨 지하

下葬 영장 ᄒᆞ다 ○ 신담비 一云불김비

焚化 火葬 ᄒᆞ다 ○ 기란 쟈밤비

埋着 通稱 뭇다 ○ 움붐비

家堂神 신쥬 ○ 위쳐약

陵 ｜ ○ 뭉간

墳墓 ｜｜ ○ 에부

上墳 소분 ᄒᆞ다 ○ 와람비

澆酒 모사에 술붓다 ○ 히사람비

致奠 ｜｜ ᄒᆞ다 ○ 히사라머 워쳠비

碑 ｜ ○ 븨

忌日 ｜｜ ○ 우방라하 이넝기

寺觀

寺院 뎔○스 　 廟堂 ㅣㅣ○묘

庵子 ㅣㅣ○안 　 塔兒 탑○수발한 一云수말한

壇 ㅣ○탄 　 神鏡 명도○톨리

鈴子 방올○홍곤 　 搖鈴 ㅣㅣ○챵기라쿠 °或木鐸

玉皇 ㅣㅣ○압개 한 　 神仙 ㅣㅣ○언두리 날°마

閻羅王 ㅣㅣ○일°문 한 　 龍王 ㅣㅣ○무두리 한

關聖帝 關王○°관 언두리 　 神 ㅣ○언두리

神靈 ㅣㅣ○언두리 톤도 　 現靈 령험 뵈다○소 쇼리하

土地神 ㅣㅣㅣ○바나지 　 山路神 셩황 ᄉᆞ○병°후 마마

佛爺 부텨 ○ 부치히

塑像 소샹 ○ 어구련 一云위련

和尚 즁 ○ 화샨

尼姑 승 ○ 구스

居士 ㅣㅣ ○ 샤요

坐禪 불ᄉᆞ도닥다 ○ 마치히 쟈밤비

眞呪 진언 ○ 탈니

念經 경닑다 ○ 도챤 후람비

跳神 굿ᄒᆞ다 ○ 삼담비

喫齋 소ᄒᆞ다 ○ 샤요람비

菩薩 ㅣㅣ ○ 푸사

佛法 ㅣㅣ ○ 부치히 샤진

沙彌 샹지 ○ 반디

道士 ㅣㅣ ○ 도스

巫婆子 무당 ○ 사만

合掌 ㅣㅣᄒᆞ다 ○ 귀귄 아람비

念呪 진언ᄒᆞ다 ○ 탈니람비

上醮 지올리다 ○ 도챤 아람비

布施 보시ᄒᆞ다 ○ 셔람비

齋戒 ㅣㅣᄒᆞ다 ○ 불고밈비

洗澡 沐浴ᄒᆞ다 ○ 어비셤비

忌門 긔우ᄒᆞ다 ○ 탈감비

鬼 ㅣ ○ °후투

寃鬼 원혼 ○ 부처리

夜叉精 독갑이 ○ 부슈°쿠

鬼火 독갑의불 ○ 발°쥰 이 투와

妖精 요피 ○ 이바간

邪星子 샤긔 ○ 염지

灾 지앙 ○ 갓한

灾異 지변 ○ 가뇨°

灾變的 灾變읫것 ○ 가뇨°가

妖術 ㅣㅣ ○ ᄫᅡ

佃漁

打圍 산힝ᄒᆞ다 ○ 아바람비 一云사하담비

放鷹 매놋타 ○ 갸훈 막탐비

畤鷹 매겻다 ○ 보림비

鷹架 매갸ᄌᆞ ○ 도부쿠

架鷹 매밧다 ○ 갸훈 아림비

放狗 개놋타 ○ 냐하샴비

咳綱 버무레 ○ 하

挾子 챠ᄋᆞ ○ 거지

活扣子 올감이 ○ 오올。ᄌᆞᆫ

綱 그믈 ○ 아수

綱綱 그믈벼리 ○ 허션

張綱 그믈타다 ○ 아수 투렴비

掛住 通稱걸리다 ○ 타하비

漁獵 ㅣㅣᄒᆞ다 ○ 부탐비 一云불하샴비

編綱 망얽다 ○ 야사하람비

釣竿 낙시대 ○ 월。며ᄋᆢ쿠

釣線 낙사줄 ○ 시진

釣鉤 낙시갈고리 ○ 더허

釣倒鬚 미늘 ○ 와탄

甜食 낙시밥 ○ 버 一云버턴

釣了 낙시질ᄒᆞ다 ○ 월。몀비

魚梁 어살 ○ 우휘젼 一云방산 이런

魚筌 통발이 ○ 우ᄋᆢ쿠

器具

器 그릇○더룬 ○又갸스

器皿 ㅣㅣ○아구라 더룬

櫃子 궤○귀스 ○又箱子

竪櫃 장○홀호 ○又籠

皮箱 ㅣㅣ○피쟌

柳箱 섥○숣후

鎖頭 ᄌᆞ물쇠○오스

鎖鬚子 ᄌᆞ물쇠살○성거러

鑰匙 열쇠○아나쿠

鎖了 ᄌᆞ무다○오스람비

床子 평상○버슬헌

閣板子 션반○어린

椅子 교의○이스

板凳 반등○반단

杌子 등상○무란

拐杖 집팡이○데분

日照子 일산○사라 ○又雨傘

打傘 일산밧다○사라 투겸비

圍屛 병풍○웨핑

扇子 부채○붓허쿠

羽扇 짓부체 ○덥시야쿠

搧搧 부체질ᄒᆞ다 ○붓험비

蠅拂子 프리채 ○덜야휘 바샤쿠

孝播子 등긁이 ○빙사 와샤쿠

卓子 상 ○더러

托盤 징반 ○아리쿠

方盤 반 ○반

椀 사발 ○모로

大椀 ᄌᆞ완 ○살라 모로

甌子 보ᄋᆞ ○쵸만

杯 잔 ○훈라하 又鍾子

鍾托 잔ᄃᆡ ㅅ○태리

楪子 졉시 ○비라

匙子 술 ○새비

用匙子 술질ᄒᆞ다 ○새빙람비

快子 져 ○삽가

用快子 져질ᄒᆞ다 ○삽카람비

盒子 합 ○호스

酒壺 술병 ㅅ○마루

瓶子 병 ○탐핀

鐏 ㅣ ○무셔구

背壺 쥬합 ○우쿠리

長盆 ㅣㅣ ○누란

執壺 귀둔병 ○가랑가 탐핀

長頸瓶 충 ○몽고춘

小口瓶 소용 ○호빈

酒嗉子 뇽소 ○후유쿠 솔로

鍋兒 가마 ○무쳔

小鍋 솟 ○하쥬한

鑼鍋 노고 ○라캬쿠 하츄한

盖子 通稱 두에 ○옥친

盖罷 두에더 푸라 ○옥치라

鍋盖子 가마두에 ○투허

底子 밋 ○버러

邊口 시울 ○져린 오조모쇠

邊子 젼 ○치킨

手把子 조지 ○쟈바쿠

湯罐 ㅣㅣ ○솜하

鍋撐子 아리쇠 ○너러

鍋刷 솔 ○하샤쿠

羅兒 체 ○시서쿠 ○又얼멍이

羅一羅 ᄎᆞ다 ○시섬비

重羅 뇌여ᄎᆞ다 ○담남비

瓢子 표박 ○뵤스

柳瓢 쥬게 ○무시히

木瓢子 나모표박 ○쭈시

漏勺 섯쟈 ○쟢리 ○又쟢릐

馬勺 구기 ○마샤

案板 도마 ○바니햔

榔頭 메 ○뚜약쿠 一云마라

趕麵棍 홍도ㅅ개 ○비러약쿠

廚刀 식칼 ○쟤다

甑子 시르 ○벙헌

甑簾 시르밋 ○벙헌이히다

水桶 믈통 ○후뉴

茶桶 차통 ○동모

整木桶 젼목통 ○시한 ○又사슬통

水斗 드레 ○왜투쿠

桶梁 드레ᄆᆞᄅᆞㅅ세 ○바분

鐵箍 通稱테 ○워런

扁担 변대 ○ 담잔
陶了 딜것 굽다 ○ 오 데집비
鑂子 항 ○ 부둔
磁盆 사푼 자 ○ 여허러 붕스
火快子 화져 ○ 서레 삽카
點燈 등잔 켜다 ○ 등잔 다붐비
蠟臺 쵸ㅅ 디 ○ 라태
火把 홰 ○ 토론
棍板石 방츄ㅅ 돌 ○ 터러쿠 워허
筐子 광주리 ○ 쇼로

頂圈子 또 애 ○ 마타라쿠
鋼子 독 ○ 앙가라
尾盆 동희 ○ 붕스
火盆 화로 ○ 빙러쿠 一云 벼러쿠
燈盞 ㅣㅣ ○ 등잔 ○又燈
蠟 쵸 ○ 아얀 등잔
燈籠 쵸롱 ○ 등룽
亮子 붕지 ○ 햐분
棒棍 방마치 ○ 터러쿠 모
破落 고리 ○ 포로리

小開披 동고리 ○ 캐피
草笹 둥조리 ○ 우리
器架 사랑 ○ 살후 ○又 시렁
搭連 대련 ○ 다랸
口帒 쟈ᄅᆞ ○ 수마라
小口帒 젼대 ○ 쥬망기
夜壺 요강 ○ 시터러 탐핀
筭盤 산판 ○ 쏸판
法馬 텬평츄 ○ 방스
稱桿 저울ㅅ대 ○ 달환

竹簍子 광지 ○ 삭수
衣架 옷거리 ○ 골ᄋ본 ○又 홰대
被搭子 니불집 ○ 북투린
錢搭子 쇼대련 ○ 다발간 ○又 쌍블랑
大口帒 부대 ○ 불ᄋ후
洗臉盆 셰슈대야 ○ 더러 오보쿠
鐵 사슬 ○ 시뱌
秤子 텬평저울 ○ 핑스
等子 저울 ○ 등스
稱錘 저울튜 ○ 토스 ○又 톨대

稱毫 저울눈 ○ 라캬쿠 一云일하
升子 되 ○ 모로햐스
揩了 씃다 ○ 붕비
滌器 그릇부싀다 ○ 터룬실야갸비
担箒 짓뷔 ○ 다시햐쿠
撥火棍 부지ㅅ대 ○ 태민
夾剪 협도 ○ 갸쟌
鍘床 쟉도바탕 ○ 벙피
梯子 사ᄃᆞ리 ○ 완
柴爬子 갈키 ○ 허더러쿠

斗子 말 ○ 하스 ○又져곤궤
抹布 힝ᄌᆞ ○ 마부
除蹬 그릇가싀다 ○ 터룬거터럼붕비
箒子 뷔 ○ 어리야쿠
掃了 쓰다 ○ 어림비
野竈 롱노고자리 ○ 가햔
鍘刀 쟉도 ○ 죠코
鍘草 여믈싸흐다 ○ 좀비
背挾子 지게 ○ 뱌나
使爬子 갈키질ᄒᆞ다 ○ 허더럼비

搜杷 그다 ○허슈럼비

㬥斗 삼태 ○투비

大繩子 대삭 ○구수 부타

繩子 노 ○부타

匠器

冶鐵爐 풀무 ○히쟈

拉風箱 풀무부다 ○우훕비

火鑵子 도관 ○숩간

鰾鑵子 부레도관 ○답타

鎯頭 쇠몽동이 ○랑투

鐵鎚 마치 ○톡시쿠

老鸛鎚 장도리 ○불호

鸛鉗 잡게 ○웨쥰

鐵銼 줄 ○화라

木銼 한 ○무둔

磋了 쓸타 ○무둥비

鋸子 톱 ○부븐

錛子 자괴 ○안지쿠

推鉋 대패 ○투바라쿠

斧子 독긔 ○ 수허

鑿子 셜 ○ 슈신

墨斗 먹통 ○ 캬쟈 ○ 又斎硯 ○ 又표ᄌ

墨線 먹줄 ○ 밋한

模板子 탈판 ○ 두룬 ○ 又본

盔子 끌 ○ 우퀴러쿠

㨾一㨾 通稱 끌 박다 ○ 우퀴럼비

鐵榼子 쇠테 ○ 쟈발한

釘子 못 ○ 하다한 ○ 又말뚝

廣頭釘 ｜｜ ○ 징거리

巴鍋子 거멀 못 ○ 헝퀴러쿠

環子 끌희 ○ 무허런

鑽子 비븨 ○ 어련

錐子 송곳 ○ 쉬분

尖子 이곳 창 ○ 쇼룬

鑽開 뚧다 ○ 뚤김비

透鑽 다새 뚧 ○ 본도롬비

皮鍬子 무되 ○ 랄ㅇ기쿠

鏾頭 광이 ○ 사치쿠

鐵鏨 삽 ○ 죠

木鍁 가래 ○ 울더분 一云운두분

泥鏝 흙손 ○ 일。바투

千斤子 지레 ○ 쇼반

紡車 믈레 ○ 볼코 一云토로쿠

釘竿子 가락 ○ 수야무

籰子 어리 ○ 가라무

機身 틀 ○ 터허

篾子 ᄇᆞ디 ○ 방란

梭 뵈ㅅ북 ○ 홈소

棍子 자 ○ 치。

剪子 가ᅀᅵ ○ 핫하

針子 바늘 ○ 울。머

頂針子 골모 ○ 숄코

烙鐵 인도 ○ 하리쿠

烙一烙 인도질ᄒᆞ다 ○ 하림비

熨斗 다리우리 ○ 。훠셔쿠

運一運 다리다 ○ 。훠셤비

工程 셩녕 ○ 웬런

做工 셩녕ᄒᆞ다 ○ 웬럼비

作作 다밍그 ○ 아람비

刻了 삭이다 ○ 보롬비

陽刻 ᄒᆞ다 ○ 쵸림비

剮了 삭다 ○ 걍비

煨彎 불ᄶᅬ여 휘오다 ○ 마람비

彎之 휘오다 ○ 오옴비

鏇了 마리다 ○ 슈룸비 ○ 又 져다

搽摳 우뷔다 ○ 코림비 一云 우훔비

起花 조이ᄒᆞ다 ○ 둣옴비

鍍了 입ᄉᆞᄒᆞ다 ○ 도심붐비

鎔化 노기다 ○ 웜붐비

鑲嵌 금ᄉᆞ얽다 ○ 걀맘비

扳鐵絲 텰ᄉᆞ혀다 ○ 시빔비

穿紉 ᄲᅦ다 ○ 우림비

鑄了 지오다 ○ 훙커럼비

銲了 ᄲᅢ다 ○ 항남비

舟車

船 ᄇᆡ ○ 촨

擺渡船 ᄂᆞᄅᆞᆺᄉᄇᆡ ○ 쟈하

全木船 마샹이 ○ 웨후

漁船 고기잡눈비 ○ 니마샤쿠

筏子 셰 ○ 바스

船頭 빗니믈 ○ 촨 이 우쥬

船梢 빗고믈 ○ 촨 이 운쳐헌

舵 티 ○ 운쳐헌 퉌치햐쿠

桅蓬 빗돗 ○ 푼

掛蓬 돗ᄃ다 ○ 푼 타탐비

卸蓬 돗지오다 ○ 푼 발걈비

桅杆 돗대 ○ 실탄 ○又 귓대박이

撑子 사화ㅅ대 ○ 슈루쿠

撑船 비젓다 ○ 촨 슈룸비

槳 빗노 ○ 설ᄋ비

盪槳 노젓다 ○ 설ᄋ빔비

鐵錨 닫 ○ 닝갸 서러

抛錨 닫주다 ○ 닝갸 서러 막탐비

絟船 비미다 ○ 촨 이리붐비

攏那岸 비져편의岸다히다 ○ 촨 챡ᄀ 더 아쿠나하비

攏這岸 비이편의岸다히다 ○ 촨 어벌ᄀ 더 아쿤짐비

飄風了 風표풍ᄒ다 ○ 어둔 더 라시히부하 一云 룰ᄋ방가

輦 ㅣ ○난 서젼

車子 술위 ○서젼

推車 미는 술위 ○아나쿠 서젼

轎車 가마 ○쿄 서젼

囚車 함거 ○부투 서젼

轎子 ㅣ ㅣ ○쿄

亮轎 평교ᄌᆞ ○이러투 쿄

跁山虎 남여 ○텅너쿠

車轅 술위채 ○서젼 이 바라

車箱 술위ㅅ 난간 ○서젼 이 아다하

車輗 멍에 ○서젼 이 버

車輪 술위 박회 ○서젼 이 무허런 一云 서젼 이 토호로

輻條 술위ㅅ 살 ○서젼 이 허루

駕車 술위 메오다 ○서젼 토홈비

擡轎子 교ᄌᆞ 메다 ○쿄 투겸비

趕車 술위 모다 ○서젼 쟈밤비

搬運 슈운ᄒᆞ다 ○줘머비

卸了 부리오다 ○어붐비

飜車 번챠ᄒᆞ다 ○서젼 웅컴비

鞍轡

鞍子 기르마 ○ 엉거무

鞍韂子 기르마가지 ○ 엉거무 불편

馱鞍 딤기르마 ○ 항개 엉거무

鞍座兒 소부리 ○ 솜보로

鞍甲兒 안갑 ○ 수쿠 이기다챤

鞍籠 ㅣㅣ ○ 기다챤

肚帶 빗대 ○ 오론

馬韁 두래 ○ 토호마

馬鐙 등ᄌᆞ ○ 투분

折舌 혀쇠 ○ 골기

攀胷 가슴거리 ○ 울우쿠머

鞦皮 후거리 ○ 쿠달한

轡頭 구레 ○ 하다라

籠頭 바구레 ○ 롱토

帶轡頭 구레시오다 ○ 하다라 어루붐비

帶籠頭 바구레씌오다 ○ 롱토롬비

摘轡頭 구레벗기다 ○ 하다라 갬비

退轡頭 구레벗다 ○ 하다라 물우투럼비

嚼子 마함 ○ 죠진

退水環 마함벗다 ○ 죠진 버수다임비

扯手 혁 ○ 쥴。후

韁繩 곳비 ○ 얄분 一云 칠。부리

緹胸 쥬락 ○ 칸달한

屉子 언치 ○ 남기

鞭子 채 ○ 슈시하

鞭穗 채열 ○ 슈시하 이 수허

挽手 채신 ○ 굴。잘한

打鞭子 채티다 ○ 슈시하람비

鞴鞍子 기르마짓다 ○ 엉거무 토홈비

摘鞍子 기르마벗기다 ○ 엉거무 갬비

絆 지달 ○ 시더리

絆了 지달쓰다 ○ 시더럼비

筭數

數兒 수 ○ 톤

數數 수혜다 ○ 토롬비

屈指 손곱아數혜다 ○ 심훈 북다머 보롬비

一箇 ᄒᆞᆫ나 ○ 어무

二箇 둘○쥬워

三箇 셋○이란

四箇 넷○뒨

五箇 다ᄉᆞᆺ○순쟈

六箇 여ᄉᆞᆺ○닝운

七箇 닐곱○나단

八箇 여듧○쟈쿤

九箇 아홉○우윤

一十 열○좐

十五 열다ᄉᆞᆺ○토보혼

二十 스믈○오린

三十 셜흔○구신

四十 마흔○더히

五十 쉰○수새

六十 여쉰○닌쥬

七十 닐흔○나단쥬

八十 여든○쟈쿤쥬

九十 아흔○우윤쥬

一百 빅○탕구

一千 쳔○밍간

一萬 만 ○ 투먼

億 ㅣ ○ 부쥰

一次 ᄒᆞᆫ번 ○ 엄거리 一云 어무 무단

一遭 ᄒᆞᆫ초리 ○ 어무 마리

二次 두번 ○ 쥬워거리 一云 쥬위 무단 ○ 餘皆倣此

此番 이번 ○ 어러 부나

累次 여러번 ○ 우두두 절기 一云 우둥거리

每一次 ᄒᆞᆫ번식 ○ 엄텅거리

每一箇 ᄒᆞ나식 ○ 엄러 一云 엄컨 엄컨 이 ○ 餘皆倣此 以 타러 토字 吋 韻用之

第一 쳣것 ○ 우쥬

第二 둘재 ○ 재

第三 셋재 ○ 이라치 ○ 餘皆倣此

斤 ㅣ ○ 긴

兩 ㅣ ○ 야

一錢 ᄒᆞᆫ돈 ○ 어무 지하

分 푼 ○ 분

厘 ㅣ ○ 어리

斛 휘 ○ 후

一箇 ᄒᆞ낫 ○ 어무 바리

一搚 ᄒᆞᆫ셥 ○ 어무 이후러

一合 ᄒᆞᆫ홉 ○ 어무 끄

一半 ㅣㅣ ○ 어무 두린

一摟 ᄒᆞᆫ아름 ○ 어무 터버련

一托 ᄒᆞᆫ발 ○ 어무 다

一扎 ᄒᆞᆫ뼘 ○ 어무 토

一把 ᄒᆞᆫ줌 ○ 어무 박산

一綑 ᄒᆞᆫ뭇 ○ 어무 쿨면

一條 ᄒᆞᆫ오리 ○ 어무 쟌탄

一搊 ᄒᆞᆫ우흠 ○ 어무 오호료

一虎口 져근뼘 ○ 슈루

一點子 죠곰 ○ 허니

一隻 ᄒᆞᆫ짝 ○ 어무 갈간

隻隻 짝짝이 ○ 갈가타

一雙 ᄒᆞᆫ쌍 ○ 어무 쥬루

雙雙 쌍쌍이 ○ 쥬루견

作雙 쌍짓다 ○ 쥬루럼비

制度 ㅣㅣ ○ 두룬 저문

丈ㅣ ○ 쟝

量杆 대장ㅅ ○ 쳐러우쿠

寸ㅣ ○울훈

臂量 밤다 ○다람비

秤稱 근ᄃᆞ다 ○깅넘비

稱高 저울세다 ○등스 어투훈

重啊 무겁다 ○우젼

縮ㅣ ○어져훈

有數的 수잇ᄂᆞᆫ것 ○통가ᄋᆞ즈르다

多啊 만타 ○랍두

有餘 ㅣㅣ ○분쳐러

減除 더다 ○어버럼붐비

量量 通稱되다 ○마림비

揆量 흔ᄒᆞ다 ○검넘비

等稱 分兩ᄃᆞ다 ○등스럼비

拉拉 저울ᄂᆞ리다 ○등스 어염비

輕啊 가비얍다 ○웨후권

縮了 ᄶᆞ다 ○어겸비 又 이즐러지다

衆啊 여러 ○거련

餘裕 넉넉ᄒᆞ다 ○부루 又 낫다

餘剩 남다 ○분첨비

小啊 적다 ○곰소 一云 아지거

小些 약간 ○사리간

略小 져기 ○마지거

小小的 젹으마치 ○콤소콘

添上 더ᄒᆞ다 ○농김비 一云 너멈비

珎寶

寶貝 보ᄇᆡ ○보배

金子 금 ○애신

葉子金 ㅣㅣ ○압다하 애신

皮金 ㅣㅣ ○기나

金箔 ㅣㅣ ○비긴

銀子 은 ○멍운

水銀 ㅣㅣ ○토호론 무거

元寶 몰굽쇠 ○왐보

錠子 金銀효근덩이 ○쇼거

錢 돈 ○지하

錢串 돈쎄음 ○울친

珎珠 ㅣㅣ ○니츄혀

東珠 왜진쥬 ○타나

猫睛 야광쥬 ○거시거 야사

玉 ㅣ ○ ᄋ구

琥珀 ㅣㅣ ○ 후바

玻瓈 버리 ○ 보리

蜜蠟 미라 ○ 미라

寶石 ㅣㅣ ○ 보ᄋ시

玳瑁 ㅣㅣ ○ 대믜 ᄋ후루

硨磲 쟈개 ○ 개카 마리

黃銅 듀셕 ○ 데숀

鍮鐵 놋 ○ 시리

鋼鐵 쇠 됴흔 ○ 간 서러

珊瑚 ㅣㅣ ○ 슈루

琉璃 ㅣㅣ ○ 애하 ᄋᄌ구술

瑪瑙 마노 ○ 뱌한

水晶 ㅣㅣ ○ 쉬진 워허

犀角 ㅣㅣ ○ 시 이한이 웨허

象牙 ㅣㅣ ○ 수반 이 워허

紅銅 구리 ○ ᄋ관

白銅 빅퉁 ○ 샹갼 데숀 一云샨투

鐵 쇠 ○ 서러

熟鐵 쇠 니긴 ○ 샤리 서러

錫鑞 납 ○토호론

鉛 ㅣ ○탈찬

打鐵 쇠티다 ○답탐비

鍊鐵 쇠니기다 ○텨링겸비 一云텨렴비

鐵銹 보믜 ○섭던○又동녹

銹了 보믜쓰다 ○섭더거비○又동녹쓰다

白礬 ㅣㅣ ○뷕쥰

硫黃 셕뉴황 ○류 황

皮硝 망쵸 ○비 쑈

硼砂 ㅣㅣ ○봉사

朱砂 ㅣㅣ ○쥬사

銀珠 쥬홍 ○치누훈

砒礵 ㅣㅣ ○비 상

佩玉 ㅣㅣ ○앗하하 우

松香 숑지 ○우구우쿠

黃蠟 밀 ○아얀

沉香 ㅣㅣ ○쳔 수 햔

白檀香 ㅣㅣㅣ ○버 탄 햔

紫檀香 ㅣㅣㅣ ○고로 모

麝香 ㅣㅣ ○쟈린

財物 ㅣㅣ ○우린 一云우린 나단　用度 ㅣㅣ ○배타란

布帛

緞子 대단 ○수져　蟒龍 단 ㅣㅣ ○거츄허리

粧段 ㅣㅣ ○쫭돤　閃段 션단 ○알하○又紋

羽段 짓비단 ○쳐커무　冒段 ㅣㅣ ○감쿠

片金 금션단 ○길다시쿠　紬子 비단 ○츄스○又노쥬쥬

紡紬 방ㅅ쥬 ○방스　花紬 화방쥬 ○일항가 방스

綾子 능 ○링쓰　絹子 견 ○꾠스

生綃 ㅣㅣ ○어훈 꾠스　羅 깁 ○로

杭羅 ㅣㅣ ○로 수져　紗 ㅣ ○샤

縐紗 주사 ○ 둘둔

綿紬 면쥬 ○ 면츄

夏布 뵈 ○ 햐반

苧布 모시 ○ 무슈리

葛布 ㅣㅣ ○ 죠돈

大布 ㅣㅣ ○ 보소 又무명

毛青布 청삼승 ○ 모친

印花布 화포 ○ 호배 보소

三梭布 삼승 ○ 삼수

氈子 허ᄌᆞ ○ 부녀순

絲 실 ○ 실거

生絲 ㅣㅣ ○ 서 실거

金絲 ㅣㅣ ○ 서서

練絲 실니기다 ○ 실거 우러붐비

纏絲 레짓다 ○ 헐김비

絲亂 실얼킈다 ○ 실거 방참비

理理絲 실골희다 ○ 뎝러러머 다삼비

線 합션ᄒᆞᆫ실 ○ 통고

線一縷 실ᄒᆞᆫ가닥 ○ 어무 질깅 又ᄌᆞᆼ닝음

絨線 슈ᄉᆞ ○ 수버련

紡線 ᄌᆞᆺ다 ○ 불롬비 ○ 又 돌로켜다

抽絲 실혀다 ○ 실거 고침비

捻線 실뷔다 ○ 시버럼비 ○ 又 소올다듀

線纑 실테 ○ 헐기투

線軸 실ᄭᆞ리 ○ 잇ᄒᆞ

線上板 실감다 ○ 헐침비

交擰 뷔트다 ○ 무림비 ○ 又 우기다

編條 실로리다 ○ 훔비

凉花 소옴 ○ 우쿠분

彈綿花 소옴트다 ○ 우쿠분 빈헙비

雪綿子 풀소옴 ○ 요한

蚕繭 곳티 ○ 봉하

織了 ᄶᆞ다 ○ 죠돔비

打經 씨넛타 ○ 이잠비

打綿 놀넛타 ○ 웍점비

織密 승새ᄀᆞᄂᆞ다 ○ 빙신

粗疎 승새굵다 ○ 서머ᄋᆞ훈

段邊子 식셔 ○ 허션

一疋 ᄒᆞᆫ필 ○ 어무 더버러우 一云 엄거

一幅 ᄒᆞᆫ폭 ○ 어무 더버

補䌙 방조각 ○ 녀쳔

紅 븕다 ○ 불갼

真紅 一一 ○ 방하라

黃 누루다 ○ 솨얀

金黃 쥬황 ○ 학산

淡白 희읍스러ᄒᆞ다 ○ 샤훈

月白 남 ○ 쿼치허 보쵸

深藍 디튼남 ○ 라문

醬色 쟝ㅅ빗 ○ 미순 보쵸

沉香色 一一 ○ 소훈

顏色 빗 通稱 ○ 보쵸

淡紅 븕으스러ᄒᆞ다 ○ 부라훈

桃紅 一一 ○ 쟈무

淡黃 누르스러ᄒᆞ다 ○ 소혼

白 희다 ○ 샹갼

雪白 헤여ᄒᆞᆫ빗 ○ 셔연

魚白 옥식 ○ 샤훈 쿼치허 보쵸

紫色 ᄌᆞ지 ○ 슈슈

秋香色 송화식 ○ 소보로

灰色 一一 ○ 부렁기 보쵸

綠 푸루다 ○ ᅌ왕갼

草綠 ㅣㅣ ○ 올회 보쵸

黑 검다 ○ 사하랸

鴉青 야쳥 ○ 야친

淡色 연ᄒᆞᆫ빗 ○ 걸ᅌ변

有色的 빗난것 ○ 보춍고

光彩 ㅣㅣ ○ 길ᅌ타훈

耀目 ᄇᆞ의다 ○ 길ᅌ탈샴비

小藍 쳥되 ○ 견

漆 옷칠 ○ 치

淡綠 푸루스러ᄒᆞ다 ○ 뇨ᅌ혼

油綠 ㅣㅣ ○ 뇨ᅌ보로

淡黑 검으스러ᄒᆞ다 ○ 사하훈

深濃 디튼빗 ○ 투민

純色 ㅣㅣ ○ 불ᅌ진

有花的 문잇ᄂᆞᆫ것 ○ 일ᅌ항가

燦爛 ㅣㅣ ○ 길ᅌ타리 ᅌᅲ워리

打染 믈드리다 ○ 이쳠비

染靛 반믈드리다 ○ 배부하람비

漆物 옷칠ᄒᆞ다 ○ 치럼비

油了 져루다 ○우럼비

重油 가유ᄒᆞ다 ○탕걈비

塗擦 通稱칠ᄒᆞ다 ○이줌비

買賣

買了 사다 ○우담비

賣了 ᄑᆞᆯ다 ○운챰비

做買賣 흥졍ᄒᆞ다 ○후다샴비 一云매마샴비

買去 사라가다 ○우다남비

來買 사라오다 ○우단짐비

價錢 갑 ○후다 又흥졍

價直 갑ᄡᆞ다 ○후다 사림비

價高 갑과ᄒᆞ다 ○후다 엉거럼비

價貴 갑노다 ○후다 망가

價相等 갑알맛다 ○후다 터허럼비

一倍 갑졀 ○우부 ○又ᄌᆞᆷ이 ○又分數

價賤 갑흔ᄒᆞ다 ○후다 쟈

狠賤 디쳔ᄒᆞ다 ○십샤 어버러져

吆喝着賣 워겨ᄑᆞᆯ다 ○수람비

補錠 더음 ○ 너머헌

兊換 고밧다 ○ 후라삼비

貫 ㅣ ○ 투리건 ○又 삭

雇了 쉬네다 ○ 투림비 ○又 삭내다

賒着来 외자내다 ○ 다룸비

本錢 ㅣㅣ ○ 다버여

盤費 반젼 ○ 반챤

工錢 슈공 ○ 바사

利錢 리 ○ 애시

月利錢 변리 ○ 마다간

息利 변리느다 ○ 마담비 ○又 부어오라

有利的 리잇ᄂᆞᆫ것 ○ 애싱가

丟利 리업다 ○ 애시 우바람비

撚鬮 졉이지르다 ○ 시뱌람비

均匀 고로로 ○ 네건

分了 ᄂᆞᆫ호다 ○ 던덤비

分開 ᄂᆞᆫ혀내다 ○ 박사람비 ○又 갈라내다

衆共分 여러히ᄂᆞᆫ호다 ○ 던더쳠비

對半分開 分半ᄒᆞ다 ○ 혼토호롬비

賧喫 ᄂᆞᆫ혀먹다 ○ 一云 야히람비 갸타람비

按人派分 논화벼로다 ○ 피붐비

減多增損 折長補短ᄒᆞ다 ○ 쟘。걈비

造化 ᄉᆞ망 ○ 거시 一云잡샤키

大造化 ᄉᆞ망잇다 ○ 잡샴바。又多幸ᄒᆞ다

舖子 푸ᄌᆞ ○ 푸ᄉᆞ리

店房 숫막 ○ 뎜마 타타라 봉 一云단방

當舖 젼당푸ᄌᆞ ○ 당푸리

典當 ㅣㅣ ○ 담듕。又볼모

典當了 젼당ᄒᆞ다 ○ 담두랴비

還當 젼당무루다 ○ 좌림비

代徵 ᄃᆡ예믈리다 ○ 붕더 개쟈라

債 빗 ○ 벙둔

放債 빗주다 ○ 쥔 신담비

出債 빗내다 ○ 쥔 갬비。又쉭다。又빈다

文契 명문 ○ 쇼 븐 빈허

做保人 보두다 ○ 보지 이림비 一云악두람비

還償 빗갑다 ○ 퇀당비

抵充還償 터주다 ○ 방캬붐비

產業 가업 ○ 뵈곤

豐足 ㅣㅣᄒᆞ다 ○ 얼。견

富ㅣ ○바얀

富呵 가음여다 ○바얌비

富盛 ㅣㅣᄒᆞ다 ○원져훈

貴ㅣ ○위시훈 ○又上

福ㅣ ○후투리

福分 분복 ○벙션

充積 家業充滿ᄒᆞ다 ○뵈곤 바다라가

貧 가난 ○야다훈

卑賤 ㅣㅣ ○부시훈 ○又下

窮 ㅣᄒᆞ다 ○모홈비

貧窮 가난ᄒᆞ다 ○야담비

窘 ㅣᄒᆞ다 ○쟝가림비

餓 주림 ○오미혼

餓着 주리다 ○오미호롬비 一云유윰비

餓了 비곱프다 ○야다후샴비 一云우룸비

糊口 ㅣㅣᄒᆞ다 ○앙가 허툼비

敗 당패ᄒᆞ다 ○죠침비

爭訟

相爭 ᄃᆞ토다 ○텸졍비
對口 말ᄉᆞᆺ구다 ○고호숌비
相鬪 ㅣㅣᄒᆞ다 ○버츄눔비
起誓 밍셰ᄒᆞ다 ○갓훔비
爭嘴 입힐홈ᄒᆞ다 ○쟈마람비
攘臂 ᄑᆞᆯ쌥내다 ○가라 시다햡비
嚷鬧 지져괴다 ○져 쟈 스머
亂鬧 작난ᄒᆞ다 ○대샴비
拳打 주머귀로티다 ○누쟈람비
踢了 通稱 ᄎᆞ다 ○벗허럼비
撞頭 마리부듸잇다 ○우쥬 츙구샴비
抓了 허위티다 ○와시하람비
切齒 니ᄀᆞ다 ○웨허 샘비
打嘴吧 쌈티다 ○샤시하람비
訟 송ᄉᆞ ○합샨
打官司 송ᄉᆞᄒᆞ다 ○합샴비
告狀 소지졍ᄒᆞ다 ○결치럼비
告訴 알외다 ○아람비 又 너루다
元告 ㅣㅣ ○합샤하 날마
被告人 원쳑 ○합샤부하 날마

怨家 원슈 ○ 키문

報怨 원슈 갑다 ○ 가루 갬비

拷問 져조어 뭇다 ○ 베덤비

對質 면질ᄒᆞ다 ○ 앙가 아참비

是的 올흠 ○ 우루

是之 올히녀기다 ○ 우루셥비

虛實 ㅣㅣ ○ 얄갼 타샨

斷了 결단ᄒᆞ다 ○ 랏하람비

拉 ᄭᅳ으다 ○ 우샴비

退他 물리티다 ○ 버드러붐비

結怨 원슈 짓다 ○ 키무럼비

問目 ㅣㅣ ○ 본진

查查 사획ᄒᆞ다 ○ 배참비 又點考ᄒᆞ다

口供 봉쵸 ○ 쟈분

不是的 그름 ○ 와가 又아니라

非之 그릇녀기다 ○ 와가샴비

決斷 ㅣㅣ ○ 겅스 랏하

採回來 ᄭᅳ어두로다 ○ 라시히담비 一云섯허럼비

批判 뎨ᄉᆞᄒᆞ다 ○ 피럼비 又비답ᄒᆞ다

施行 ㅣㅣᄒᆞ다 ○ 야부붐비

寃枉 이미 ○ 무릿훈 一云쉬 아쿠

寃屈啊 이미훈다 ○ 무리부하비 一云쉬 망가

伸枉 신원훈다 ○ 샤링걍비 又雪耻훈다

抽拿 通稱써허드다 ○ 댤걍비

打 티다 ○ 탄랑비

喫打 맛다 ○ 란다붐비

罪他 죄주다 ○ 웨러 투허붐비

打賂 뇌믈쓰다 ○ 우린 심비 一云우린 툼비

循私 훈다 ○ 치수럼바

刑獄

刑 형벌 ○ 어룬

用刑 형벌훈다 ○ 어루럼비

罰 ○ 쿄로

牢裏 獄 ○ 룰

罪 ○ 웨러

犯人 罪人 ○ 웨러어 날마

逆賊 ○ 부다라가 훌하

盜賊 ○ 훌하

賊漢 도적놈 ○ 훌。하투
强盜 ㅣㅣ ○ 이러투 훌。하

竊盜 고모도적 ○ 부투 훌。하
竊取 도적ᄒᆞ다 ○ 훌。함비

搶了 앗다 ○ 두림비
被搶了 앗기이다 ○ 두리붐비

喫賊 도적맛다 ○ 훌。하붐비
現贓 장믈 ○ 도시다하 우린

搜撿 뒤다 ○ 쉬럼비
干犯 ㅣㅣᄒᆞ다 ○ 너침비

自首 즈현ᄒᆞ다 ○ 버여 투치붐비
杖 ㅣ ○ 쟝

杖打 쟝으로티다 ○ 쟝람비
笞 ㅣ ○ 치

笞打 틔로티다 ○ 치럼비
板子 곤쟝 ○ 몯

打屁骨 볼기티다 ○ 우라 둠비
挾棍 쥬릐 ○ 갸반

挾挾棍 쥬릐트다 ○ 갸바람비
敎疼 아프게ᄒᆞ다 ○ 니머붐비

枷 갈 ○설。헌

穿枷 갈씌오다 ○설。헌 어투붐비

鎖連子 쇠사슬 ○서러부타

手扭 손에뉴 ○상스

脚鐐 족쇄 ○。광스

綁着 결박ᄒᆞ다 ○。훈。훔비

監着 가도다 ○호림비

限期 ᄒᆞᆫ ○비라간

定限 ᄒᆞᆫ정ᄒᆞ다 ○비람비

寬限 ᄒᆞᆫ믈리다 ○사남비

贖 ㅣ ○죠리간

收贖 쇽밧다 ○죠리붐비

減等 ㅣㅣᄒᆞ다 ○절기 어버럼붐비

免了 면ᄒᆞ다 ○。컴비

赦 ㅣ ○셔

赦他 샤ᄒᆞ다 ○。커붐비○又免ᄒᆞ이다

赦前 ㅣㅣ ○셔 이 찰기

赦後 ㅣㅣ ○셔 이 어버러

放他 놋타 ○신담비○又두다

敎脫 벗겨내다 ○욱사람비

脫出來 버서나다 ○욱챠하
寬恕 ᄒᆞ다 ○온초돔비

可矜 불샹ᄒᆞ다 ○고시츄가
可疑 의심젓다 ○거너훈져츄거

惹事 일내다 ○배라버뎍더붐비
事情出來 일나다 ○배타 투치거

息事 일주저안ᄉᆞ다 ○배타 마야하
弭事 일ᄭᅳ다 ○배타버 무져붐비

陷害 ᄒᆞ다 ○다슈람비
刺字 ᄒᆞ다 ○빌허 삽심비

擺站去 구향가다 ○방라붐비
充軍 ᄒᆞ다 ○촐하 오붐비 오츄사리ᄒᆞ다

到死 주기도록 ○와태
藥殺了 약머겨주기다 ○오톨로머 와하

正法 ᄒᆞ다 ○방분이 가맘비
絞 ᄒᆞ다 ○타타머 왐비

砍頭 목버히다 ○사치머 왐비
凌遲 ᄒᆞ다 ○배타라머 왐비

抄家 적몰ᄒᆞ다 ○뵈곤 타람비
屬公 ᄒᆞ다 ○시던더 도삼붐비

國號

虞ㅣ○유 夏ㅣ○햐

殷ㅣ○인 周ㅣ○쥬

秦ㅣ○친 漢ㅣ○한 一云니간

晉ㅣ○진 隋ㅣ○슈

唐ㅣ○탕 宋ㅣ○숭

魯ㅣ○루 衛ㅣ○웨

吳ㅣ○우 越ㅣ○웨

曹ㅣ○찬 鄭ㅣ○졍

陳ㅣ○천 蔡ㅣ○채

楚ㅣ〇추 趙ㅣ〇쟈

魏ㅣ〇웨 韓ㅣ〇한

燕ㅣ〇얀 齊ㅣ〇치

滕ㅣ〇등 蜀ㅣ〇수

元ㅣ〇완 明ㅣ〇밍

朝鮮ㅣㅣ〇초한 高麗ㅣㅣ〇솔호

滿洲ㅣㅣ〇만쥬 蒙古ㅣㅣ〇몽고

倭子왜ㅣㅣ〇오즈 韃子ㅣㅣ〇갈가 몽고

野人ㅣㅣ〇쥬션 놈마

戲玩

玩耍 노다 ○어빔비

戱耍 희롱 ○요보

戱耍了 희롱ᄒᆞ다 ○요보돔비

大碁 바독 ○토뇨

下大碁 바독두다 ○토뇨 신담비

盤子 판 ○판스

象碁 쟝긔 ○향치

打象碁 쟝긔두다 ○향치람비

雙陸 ㅣㅣ ○쐉루

打雙陸 상뉵티다 ○쐉루람비 一云쐉루 어범비

骰子 ᄉᆞ애 ○서서

擲骰子 ᄉᆞ애더지다 ○서서 막탐비

争長 비교 ○덩너

争短長 우렬ᄃᆞ토다 ○멀졈비

賭賽 나기ᄒᆞ다 ○먹덤비

趕撈本 나기설치ᄒᆞ다 ○암챰비

骨牌 ㅣㅣ ○기랑기패 一云우패

抹骨牌 골패ᄒᆞ다 ○우패 어범비

紙牌 투젼 ○호샨 이패

投壺 ㅣㅣ티다 ○후 더 막탐비

對手 적슈 ○박친
風箏 연 ○더여부약 又져비약기

放風箏 연놀리다 ○더여붕비
鞦韆 그리 ○쳐쿠

打鞦韆 그릐ᄯᅴ다 ○쳐쿠덤비
毽子 뎌기 ○지하 벗허러우 一云지하 벙수우

踢毽子 뎌기ᄎᆞ다 ○벗허럼비
捽挍 실홈ᄒᆞ다 ○쟈부눔비

挏舵 고지리ᄒᆞ이다 ○거지허셤비
打蹶脚 족티다 ○타시힘비

跳攛索 줄넘다 ○부타 벙우쳠비
打跟蚪 근두딜ᄒᆞ다 ○통고림비

變戲法的 환슐ᄒᆞᄂᆞᆫ사ᄅᆞᆷ ○방가 냥마
變戲法 환슐ᄒᆞ다 ○와리 어범비

罵辱

唾罵聲 춤밧타ᄭᅮ짓ᄂᆞᆫ소리 ○피
責他 ᄎᆡᆨᄒᆞ다 ○비쳠비

切責 ᄒᆞ다 ○힝 ᄉᆞ머 와자람비
罵他 ᄭᅮ짓다 ○어수겸비

罵話他 욕ᄒᆞ다 ○ 톰비

記恨 벼로다 ○ 서염비

邪曲 ㅣㅣ ○ 묘시훈

心歪了 ᄆᆞ음기우다 ○ 왜ᅌᅮ후

嘴利害 부리사오납다 ○ 젹슌

撒潑 패악히구다 ○ ᅌᅣᆼ우샴비

惡他 뮈여ᄒᆞ다 ○ 우뱜비

可憎 뮙다 ○ 우뱌츄캬

趁願 잘쿄셔니 ○ 상우샴비

僕殺 종ᄀᆞ치부리다 ○ 아하툼비

數落 수죄ᄒᆞ다 ○ 당심비

不肖 의졋디아니타 ○ 둘수기 아쿠 一云 술훈 아쿠

怪誕的 괴망ᄒᆞ니 ○ 괴통됴

無樣的 샹업다 ○ 무루 아쿠

光棍 무뢰비 ○ ᅌᅣᆼ군

賤貨 몹시삼긴놈 ○ 부시

可惡的 뮈온것 ○ 우뱌다

可惡 파씸ᄒᆞ다 ○ 이분

作賤 쳔이부리다 ○ 아둥걈비

砍頭的 목버힐놈 ○ 와부루

王八子 渰계집푼눈놈의씨 ○ 애후마 이 더비런

飛禽

禽 놀즘싱 ○ 갓하

鸞鳳 ㅣㅣ ○ 란 갓하

鳳凰 ㅣㅣ ○ 봉황

鳳雛 ㅣㅣ ○ 거루데

仙鶴 학 ○ 부러헌 一云야다나

孔雀 ㅣㅣ ○ 토진

鸑鷟 ㅣㅣ ○ 이지분 녀허

翡翠 ㅣㅣ ○ 취쳐치거 一云올간 쳐치거

鸚鵡 잉무 ○ 영구허

皂雕 수리 ○ 다민

天鵝 곤이 ○ 가루

鷺鷥 빅노 ○ 카시햐

紅鶴 다와기 ○ 호한

老鸛 한새 ○ 웨쥰

水鸛 가마오지 ○ 산

鴇子 너새 ○ 후무두

江鷹 골며기 ○숙수ᅌ후
花鵏 걸퓌여기 ○라후타

隨陽鳥 기러기 ○비간이눙냐하
鷹 매 ○갸훈

海靑 휘동청 ○숑큰
秋鷹 보라매 ○쟈바타 갸훈

籠鷹 슈진매 ○ᅌ후션 갸훈
鷂子 새매 ○실ᅌ먼

鵕兒 되롱태 ○숭ᅌᅲᆯ
鶽鷹 쇼로기 ○허부러

蛟母鳥 부람가비 ○갈ᅌ만 허려ᅌ후
抓物 ᄎᆞ다 ○쇼보롬비 ○又지버ᄯᅳᆮ다

鵂鶹 부헝이 ○안츈 캬라
夜猫 옷밤이 ○후샤후

野鷄 ᄭᅯᆼ ○울ᅌ후마
鵝子 거유 ○눙냐하

野鴨子 외올히 ○비간 이 녀허
鴨子 올히 ○녀허

鴿子 비둘기 ○ᅌ쥐치허
斑鳩 뫼ㅅ비들기 ○두두

杜鵑 ㅡㅡ ○ 퇴룬 ○ 又子規

可鴣 벅구기 ○ 커우허

老鴉 가마괴 ○ 가하

寒鴉 갈가마괴 ○ 탕구하

喜鵲 가치 ○ 삭사하

黃鸝 꾀꼬리 ○ 구린 쳐치커

啄木官 닷져고리 ○ 볼혼

雀兒 새 ○ 쳐치커

麻雀 ᄎᆞᆷ새 ○ 시샬간 쳐치커

茶鳥 콩새 ○ 투리 쳐치커

葦鳥 골새 ○ 훙시ㅡ 쳐치커

水扎鳥 도요새 ○ 약살간 쳐치커

鵪鶉 뫼초라기 ○ 무슈

鶺鴒 쳑령 ○ 잉가리

鵂鶹 밤새 ○ 갈가 쳐치커

拙燕 져비 ○ 치빈

巧燕 명마기 ○ 굴달간 치빈 一云 용간 치빈

蝙蝠 붉쥐 ○ 버러허 싱거리 一云 아샤항가 싱거리

家鷄 ᄃᆞᆰ ○ 쵸코

筭鷄 연계 ○ 쇼호

蛋 알 ○ 움간

蛋清 흰ᄌᆞ의 ○ 쇼호

蛋黃 노른ᄌᆞ의 ○ 요호

雞嘎蛋 알겻다 ○ 갸림비

下蛋 알낫타 ○ 움간 비럼비

抱蛋 알안다 ○ 움간 기담비

啄蛋 알ᄭᆡ다 ○ 움간 ᅌ훵겸비

嘴黃 공부리 ○ 벼런

躧了 ᄂᆞᆯ즘싱 흘로다 ○ 버ᅌ훔비

啄嗛 몽이먹다 ○ 버 ᄎᆞᆼ기샴비

雞鬪 ᄃᆞᆰᄡᅡ호다 ○ ᄎᆞᆼ김비

展翅 ᄂᆞᆯ개펴다 ○ 사람비

搧翅 ᄂᆞᆯ개븟다 ○ 덥심비

飛了 ᄂᆞ다 ○ 더염비

飛騰 ᄯᅥ올으다 ○ 덕ᅌ덤비

高飛 놉히ᄂᆞ다 ○ 카림비

雞冠 ᄃᆞᆰ의볏 ○ 성거러

翅膀 ᄂᆞᆯ개 ○ 앗하

嘴 부리 ○ 앙가

嗉俗 산멱 ○ 콩고로

尾把 꼬리 ○ 운쳐헌

毛羽 소옴치짓 ○ 붕가라

換毛 짓ᄀᆞ다 ○ 군하람비 ○又헐믈벗다

距 며느리톱 ○ 박진

雞叫 둙우다 ○ 츄쿄 후람비

母的 암 ○ 어미러

飛止 새안ㅅ다 ○ 돔비

雞棲 둙의우리 ○ 발기

鳥食 몽이 ○ 버

撒糞 즘싱똥누다 ○ 바잠비

翎兒 짓 ○ 덜허

飄翎 ㅅ배짓 ○ 기다챤

爪子 즘싱의발톱 ○ 오쇼호 ○云와시하

鳥啼 새우다 ○ 여검비

公的 수 ○ 아미라

雛 삿기 ○ 더버런

巢窩 놀즘싱의집 ○ 붜여

棲止 짓드리다 ○ 토몸비

鳥獸糞 즘싱의똥 ○ 바쟌

鷹條 매똥 ○ 쇼숀

走獸

獸 즘싱 ○쉴우

麒麟 ㅣㅣ ○키린

獅子 ㅣㅣ ○알사란

象 코키리 ○쑤반

老虎 범 ○탓하

公虎 수범 ○무한 탓하

母虎 암범 ○비런 탓하

豹虎 표범 ○얄하 ○又豹皮

斑 어롱 ○버드리

兕 들쇼 ○부하 울우

牲口 通稱즘싱 ○울하

牲口群 즘싱의무리 ○아둔

馬 몰 ○모린

兒馬 수몰 ○아질간 모린

騍馬 암몰 ○거 모린

白馬 ㅣㅣ ○수루 모린

青馬 총이몰 ○부란 모린

赤馬 절다몰 ○절더 모린

黃馬 고라ᄆᆞᆯ ○공고로 모린　黑馬 가라ᄆᆞᆯ ○카라 모린

灰馬 츄마ᄆᆞᆯ ○살라 모린　花馬 월라ᄆᆞᆯ ○알。하 모린

紅紗馬 부루ᄆᆞᆯ ○부루루 모린　棗騮馬 조류ᄆᆞᆯ ○계러 모린

栗色馬 굴헝ᄆᆞᆯ ○쿠러 모린　豹臀馬 구불자할 ○초호로 모린

線臉馬 간쟈ᄆᆞᆯ ○갈。쟈 모린　玉頂馬 쇼티셩ᄆᆞᆯ ○토시 모린

銀蹄馬 ᄉᆞ족빅 ○서버리 모린　驪馬 잰ᄆᆞᆯ ○죠란 모린 一云쟈란 모린

快走馬 능주마 ○후둔 모린　鈍馬 ᄯᅳᆫᄆᆞᆯ ○라라 모린 一云아라샨 모린

光當馬 덜렁이ᄂᆞᆫᄆᆞᆯ ○도리 모린　劣馬 ᄀᆞ래ᄂᆞᆫᄆᆞᆯ ○독신 모린

老實馬 용효ᄆᆞᆯ ○놈혼 모린　生馬 ㅣㅣ ○얼。민 모린

騸馬 기르마 업슨ᄆᆞᆯ ○본토호 모린　坐馬 ㅣㅣ ○가린 모린

馬駒子 마야지 ○우나한

迎鞍 ᄆᆞᆫ다회 ○닉더

毛 털 ○부녀허

馬尾子 ᄆᆞᆯ총 ○시카

馬嘶 ᄆᆞᆯ우다 ○모린 인참비

騎馬 ᄆᆞᆯᄐᆞ다 ○야룸비 一云모리람비

馬走走 ᄆᆞᆯ걸리다 ○옥소붐비

放馬 ᄆᆞᆯ노하돌리다 ○놀ᅌᅌ홈붐비

吊乾汗 ᄆᆞᆯᄯᆞᆷ드리다 ○소욤비

啃青 풀ᄠᅳ더먹다 ○샹걈비

馬胸膛 ᄆᆞᆯ가슴 ○쥴ᅌᅌ운

馬蹄子 ᄆᆞᆯ굽 ○와한

脖鬃 갈기 ○더룬

騸了 불티다 ○아타람비

拉馬 ᄆᆞᆯ잇그다 ○쿠투럼비 一云얄후담비

疊騎 어울ᄐᆞ다 ○순다람비

拍馬 ᄆᆞᆯ채텨돌리다 ○답김비

口硬 아귀세다 ○앙가 치라

單蹄獋 외알녜다 ○마타람비

飲馬 ᄆᆞᆯ믈머기다 ○모린 머럼비

馬草 여믈 ○올호

馬豆子 ᄆᆞᆯ콩 ○룬

馬糊糁 ᄆᆞᆯ쥭 ○후분

馬肚子大 ᄆᆞᆯᄇᆡ부르다 ○모린 왁쟈나하비

馬肥 ᄆᆞᆯᄉᆞᆯ디다 ○모린 탈후람비

馬瘦 ᄆᆞᆯ여위다 ○모린 투가 一云모린 마쵸하

骨眼 눈에 티 ○부거 야사

瘵了 신쿄지다 ○망갸나하비

馬前失 ᄆᆞᆯ앏거티다 ○불두림비

畧瘸 살오기다 ○니커셥비 一云치커셥비

迎鞍瘡 등닷타 ○다린

馬癩了 ᄆᆞᆯ비로먹다 ○하사나하비

鐃子 ᄆᆞᆯ입ᄋᆡ망 ○앙가투

鉋子 글게 ○쇼쿠

馬釘子 다갈 ○타한 一云닝갸 서러

打馬釘 다갈박다 ○타하람비

馬撒了 ᄆᆞᆯ노히다 ○모린 일머러커비

牛 쇼 ○이한

犍牛 한쇼 ○무하샨

乳牛 암쇼 ○우년

犍牛 악대쇼 ○어져이한
水牛 무쇼 ○무게이한
角 ᄲᅳᆯ ○워허
倒嚼 쇼여믈도로다 ○우야샴비
牛低頭 쇼지르다 ○슈키람비
馬盖 牛ᄆᆞ、쇼ᄒᆞ走루다 ○무한룸비
騾子 노새 ○로사
駝峯 약대肉鞍 ○보호토
馱包子 짐싯다 ○아침비
狼 일히 ○뉴허

花牛 어룽쇼 ○우리이한 一云알하이한
牛犢 쇠야지 ○둑샤
牛筋 쇠힘 ○우러허
鼻鉤 코ㅅ도래 ○샨치히
牛吼 쇼우다 ○무함비
驢子 나괴 ○어헌
駱駝 약대 ○터먼
包子 짐 ○아치하
豺 승냥이 ○쟐후
熊 곰 ○러부

羆 비 ○ 나신　麋 큰사슴 ○ 운쳐헌 골ᄋ민 부후 一云 아얀 부후

鹿 사슴 ○ 부후　鹿羔 사슴의 삿기 ○ 뱌쥬

鹿茸 ㅣㅣ ○ 분투　獐 노로 ○ 실가 一云 교ᄋ

香獐 샤향노로 ○ 먀후　獐羔 놀릐삿기 ○ 말간

猿 큰진나비 ○ 완　猴兒 진나비 ○ 모뇨ᄋ 一云 보뇨ᄋ

狐狸 여ᄋᆞ ○ 도비　沙狐狸 블여ᄋᆞ ○ 킬사

野猫 슭 ○ 마라히　猞猁猻 시라손 ○ 시룬

羊 ㅣ ○ 호닌　青羊 ㅣㅣ ○ 니마후

山羊 염쇼 ○ 니만　羚羊 ㅣㅣ ○ 부쿤

山獺 너고리 ○ 얼ᄋ비허　水獺 ㅣㅣ ○ 해룬

獾子 오소리 ○돌곤

貂鼠 돈피 ○서거

𪕮鼠 담뷔 ○할사

黃鼠 족져비 ○소로히

松鼠 드라미 ○쥬마라

鼫鼠 두더쥐 ○묵룬

耗子 쥐 ○싱거리

鼠鑽孔 쥐구무ᄯᅮᆲ다 ○싱거리 밤비

兔兒 톳기 ○굴마훈

天馬 흰돗기 ○친다한

刺蝟 고솜돗 ○성거

猪 돗 ○울갸

兒猪 丨丨 ○미한

山猪 丨丨 ○애다간

猪拱地 ᄯᅡ뒤지다 ○분투람비

刨地 ᄯᅡ허위다 ○와시하샴비

搖尾把 ᄭᅩ리티다 ○시허섬비

狗 개 ○인다훈

狗滓子 개삿기 ○냐한

香狗 산영개 ○마다리 인다훈

花狗 개바독 ○우리 인다훈

絡絲狗 개삽살 ○타하 인다훈

獐子狗 개동경 ○실개 인다훈

狗吠 개즛다 ○인다훈 캄비

狗連 개흘루다 ○가림비

猫兒 괴 ○커시커

家畜 집의기르논즘싱 ○우지마

獸有胎 즘싱삿기빈다 ○수치러허비

大獸鳴 큰즘싱우다 ○무람비

馬槽 구유 ○야후쥬

猪圈 돗희우리 ○울갼 이 흘호

皮子 털잇는가족 ○불더허

燖毛 털지우다 ○질김비

熟過皮 니근가족 ○일긴

牛皮 쇠가족 ○이하치

鹿皮 ㅣㅣ ○부히

狐狸皮 여의가족 ○도비히

羊皮 ㅣㅣ ○혼치

漢羊皮 ㅣㅣ ○툴야후

山羊皮 ㅣㅣ ○니마치

灰鼠皮 서피 ○ 울。야후

秋板 털벗ᄃᆞᆫ가족 ○ 베러치

毛短 털벗다 ○ 부녀허 낦가

風毛 소옴치 ○ 눙가리

皮股子 치란 ○ 사린

熟皮 가족니기다 ○ 수쿠 우염비

剝皮 무듸질ᄒᆞ다 ○ 탈。김비

水族

龍 ㅣ ○ 무두리

魚 물고기 ○ 니마하

天馬皮 ㅣㅣㅣ ○ 친다한 챠비

毛厚 털붑다 ○ 부녀허 루야쿠

珍珠毛 희모 ○ 챠키리

猪皮 ㅣㅣ ○ 울。갸치

青黍皮 ㅣㅣㅣ ○ 셤피

皮條 가족오리 ○ 우셔

楺槎 가족부븨다 ○ 수쿠 몬짐비

蛟龍 되룡룡 ○ 교 무두리

鯉魚 ㅣㅣ ○ 무쥬야후

秀魚 ㅣㅣ ○우쿠리

鯋魚 ㅣㅣ ○부두후

鰱魚 ㅣㅣ ○타쿠

魴魚 ㅣㅣ ○해화

鱸魚 롱어 ○사함하

八梢魚 문어 ○칼방기

大口魚 대구 ○화쿠 니마하

銀魚 ㅣㅣ ○멍운 니시하

鱔魚 드렁허리 ○메허투

黃鱔 비얌당어 ○슈얀 메허투

細鱗白 구을무지 ○뇨모숀

洋魚 가오리 ○앙갼

比目魚 가자미 ○갈빙니

鮎魚 메유기 ○뒤라

重唇魚 늣티 ○구셔

黑魚 가물치 ○호로

鯽魚 부어 ○옹쇼숀

麵條魚 비어 ○상갼 一云이챠 니시하

小魚 쳔어 ○니시하

昂刺 쟈가사리 ○캬쿠

泥鰍 믯그리 ○우야샨

船釘魚 이쌍필 ○하다한 니시하

河鲀 복 ○콧하

魚鮇子 고기삿기 ○호니카

魚擺子 고기알스다 ○구둠비

魚子 고기알 ○철ㅇ켜

魚白兒 일의 ○우사타

奔水 고기진에 ○번허

魚刺子 고기가싀 ○하가

魚鱗 비늘 ○어시허

魚呑水 고기믈먹다 ○니마하 부림비

魚撥泡 고기믈방올내다 ○카바리 투왐비

魚躍 고기쒸다 ○니마하 고돔비

鯨 고래 ○보니마하 一云카리무

烏龜 거복 ○ㅇ귀

王八 쟈라 ○애후마

龜殼 一一 ○ㅇ후루

螺螄 쇼라 ○후야

蚌蛤 죠개 ○타후라

蛤蜊 개춤죠 ○탬파

淡菜 홍합 ○우뵤

海蔘 ㅣㅣ ○키지미

石蟞 가재 ○하시마

螃蠏 게 ○가루리 一云팡해

蠏鉗 게엄지발 ○하비라쿠 ○又집게버레

癩蝦蟆 옴두터비 ○부후

蝦蟆 두터비 ○왁샨

青蛙 개구리 ○쥬리

蝌蚪 올창이 ○코키

田雞 머구리 ○열허

蝦兒 새요 ○삼파

昆虫

蟒 굴헝이 ○잡쟌

長虫 ᄇᆞ얌 ○메허

馬蛇子 도마ᄇᆞ얌 ○여설건

蟠繞 서리다 ○하얌비

蜿蜒 굼틀굼틀ᄒᆞ다 ○하얄ᇰ쟘비

大蝴蝶 범나비 ○거버허

蝴蝶兒 나뷔 ○ 돈돈

螢火虫 반도 ○ 쥬치바

蜜蜂 ᄭᅮᆯ벌 ○ 힙수 어젼

螫了 ᄡᅩ다 ○ 셔셤비

蜻蜓子 ᄌᆞᆫ자리 ○ 울ᅌ어 홀ᅌ하루

螳螂 몰ᄯᅩᆼ구으리 ○ 허련

土狗 도로래 ○ 라ᅌ구

虫子 버레 ○ 우먀하 一云이먀하

促織虫 뵙장이 ○ 아얀 ᅌ굴졉

狗蟞 진되 ○ 도하

撲燈蛾 부나븨 ○ 부슈약 돈돈

蚕子 누에 ○ 찬 우먀하

馬蜂 몰벌 ○ 쉬란ᅌ又벌

秋蟬 미야미 ○ 방시쿠

螞蚱 묏도기 ○ 섭서허

斑猫 갈외 ○ 할후 우먀하

糞螂 풍뎅이 ○ 랑래

蛀蟋 귓도라미 ○ ᅌ굴젼

蒼蠅 ᄑᆞ리 ○ 덜ᅌ휘

白蚱 쉬 ○ 서러

下蚱子 쉬스다 ○서러 와랑비

夏虻 등의 ○아쟈

蝸牛 돌팡이 ○부런 우먀하

馬蝗 거머리 ○미다하

蛐虫 거위 ○우셔 미다간

蜈蚣 진에 ○우궁

虱子 니 ○치허

八脚子 쇠면발 ○비시

金包虫 박회 ○안츈 우먀하

臭虫 빈대 ○와훈 우먀하

蚊子 모긔 ○갈만

蝎子 全蝎 ○허스

蝗虫 ㅣㅣ ○아둔 우먀하

螞蟻 가야미 ○열워

地龍 ㅣㅣ ○버턴

蜘蛛 거믜 ○험머헌

蟣子 혀 ○우스

虼蚤 벼록 ○수란

癢癩子 쐬야기 ○탈기쿠 우먀하

叮了 므니다 ○치허 슈밤비

蛆虫 귀더기 ○여여

蛀虫 좀 ○뱌루

樹木

樹 나모 ○모

松樹 소나모 ○쟈단 모

杉松 젓나모 ○삭신 모

杉木 잇개나모 ○완라하 모

桑樹 뽕나모 ○니마란 모

柳樹 개ᄉ버들 ○보도호 모

白楊樹 ㅣㅣ나모 ○아미다 모

蠐螬 굼벙이 ○뷔비기

陰生虫 ᄒᆞ루사리 ○오요

椿樹 츈나모 ○츈 모

扁松 측빅 ○매라순 모

果松樹 잣나모 ○홀。돈 모

梧桐 ㅣㅣ나모 ○우룽 모

楊樹 버들나모 ○볼。하 모

垂楊 ㅣㅣ ○로리 보도호

白榆樹 느릅나모 ○해란 모

刺榆樹 스믜나모 ○ 부라 해란

槐樹 회화나모 ○ 훠스 모

樺皮樹 봇나모 ○ 뱌 모

皂角樹 주엽나모 ○ 이한 부라

蘇木 다목 ○ 쥬던 모

柞木 참나모 ○ 망가 모

苦理木 무푸레 ○ 이바단 모

木根兒 불희 ○ 부러허

木理 나모ㅅ결 ○ 목 쥰

樹皮 나모거플 ○ 목 놈호

刺楸樹 엄나모 ○ 부라 모

椵木 피나모 ○ 눙거러 모

花椒樹 젼쵸나모 ○ 화죠 모

茶條樹 싯나모 ○ 원쳐 모

暖木 황벽나모 ○ 후토 모

牛筋木 박달나모 ○ 항키 모

秋景 冊楓 ○ 모로

木心 고갱 ○ 목 나만

樹津 나모진 ○ 목 슈기

幹條 줄기 ○ 칙턴

枝條 가지 ○갈간

樹節 나모무듸 ○목 쟈란

樹節子 나모공이 ○목 부루

葉兒 닙 ○압다하

葉黃 닙누르다 ○압다하 소롬비

彫落 ㅣㅣᄒᆞ다 ○시함비

虫蛀木 나모좀먹다 ○모 워러너허

松針 솔닙 ○사타

柳絮 버들개야지 ○잉가리

竹 대 ○츄스 모

斑竹 ㅣㅣ ○일ㆁ강가 츄스 모

荊條 싸리 ○쉐화

藤蘿 딩딩이너출 ○후샤 시련

林 수풀 ○부쟌

山林 樹木거ᄒᆞᆫ뒤 ○워지

叢 퍼괴 ○불ㆁ둔

木頭銼 토막 ○붕쿠

板子 널 ○운더헌

鉅末 톱밥 ○불순

花草

花 곳 ○일하

牧丹花 모란곳 ○모단 일하

海棠花 ㅣㅣ ○해당 일하

杜鵑花 ㅣㅣ ○두견 일하

桂花 ㅣㅣ ○ᄋ귀 일하

菊花 ㅣㅣ ○귀 일하

鳳仙花 ㅣㅣ ○키나 일하

紅花 ㅣㅣ ○지 일하

花乳頭 곳봉오리 ○봉쿄

蓮花 ㅣㅣ ○슈 일하

芍藥花 샤약곳 ○쇼단 일하

薔薇花 ㅣㅣ ○쟈무 일하

金錢花 ㅣㅣ ○지하 일하

梅花 ㅣㅣ ○믜 일하

葵花 ㅣㅣ ○쇼요쿄 일하

雞冠花 만도라미 ○촐쿄 일하

移花 곳옴기다 ○오론우리붐비 一云 밧사람비

花朶 곳송이 ○ᄋ옵수

花鬚 곳여희 ○질。하

花蕊 곳퍼괴 ○일。해 수약

花開 곳피다 ○일。하 빔비 一云일。하 이람비

草 풀 ○올호

忘憂草 萱草 ○옹교로 올호

蔘鬚 미삼 ○쇨로

益母草 ｜｜｜ ○캐라리 올호

艾草 쑥 ○쉬하

蒼耳 돗고마리 ○성거텨

銼草 속새 ○시버

花蔕 곳다대 ○마히라 一云허오허

花綻 곳봉오리버다 ○일。하 붓홈비

花謝 곳지다 ○일。하 시함비

蘭草 ｜｜ ○란 올호

根子 人蔘 ○올호다

蔘蘆 노두 ○서

兎絲子 ｜｜｜ ○시러녀허 매란

蓬蒿 다북쑥 ○수약

茜草 곡도송 ○이쳐러 올호

菖蒲 ｜｜ ○옥지하

蒲草 부들 ○ 굴비

水葱 골 ○ 노노

藤子 등 ○ 엉걸헌

葦子草 골 ○ 울ᅌ후

荻草 달 ○ 달화

茅草 ᄯᅱ ○ 얼ᅌ번

寄生草 겨ᄋᆞ사리 ○ 모이부타라

莠草 기음 ○ 하라

莎草 잠ᄯᅱ ○ 샤두보요

生草 ᄡᅳᆯ ○ 소쵸올호

稻草 닛집 ○ 한두올호

穀草 좃집 ○ 빙시허올호

狗舌草 수리취 ○ 러부샨

鬼虱子 새품 ○ 킬ᅌ하나

杷山虎 담쟝이 ○ 후시바올호

蓖蔴 피마ᄌᆞ ○ 메허거러쿠

麻 삼 ○ 오로

練麻 숙마 ○ 여허

葛藤 츩 ○ 버여

䒷藤 너출 ○ 쥿허

茪蔓 손 ○시런

苧麻 테모시 ○시샤리

蕁麻 어저귀 ○키마

雜語

大槩 ㅣㅣ ○에더러치버 一云에치버

始 비로소 ○더니 一云더리부머 ○又然後

爲始兒 시작ᄒᆞ다 ○더리붐비

初頭 처엄 ○투탄

當初 ㅣㅣ ○너너머 ○又몬져

在前 증젼 ○너너허

元來 본ᄃᆡ ○다더

將來 ㅣㅣ ○아마가

未然前 못ᄒᆞᆫ젼 ○옹고로 ○又以前

預先 미리 ○되곤더

預先了 미리ᄒᆞ다 ○되곰솜비

當先 몬져ᄒᆞ다 ○넌뎜비

這一向 요ᄉᆞ이 ○어러 우츄리

曩時 져저긔 ○세버니

暫時 잠싼 ○ 달태

頃刻 ㅣㅣ ○ 개태 안단

方纔 마ㅅ ○ 테커 一云쟈칸

現今 시방 ○ 너

早已 볼셔 ○ 애빙나○又임의

方可 브야흐로 ○ 터니컨

或是 그런가 ○ 애스○用於句末

間或 ㅣㅣ ○ 타루더

一定 벅벅기 ○ 우뤼

常 덧덧디 ○ 커무나○又오히려○又미양

即時 즈레 ○ 쟈카○又物件

就是 즉시 ○ 운해○又드듸여

有些時 이윽고 ○ 커지너○或여러

到今 엿태 ○ 얼터러 一云터터러

幾時 언제 ○ 아탕기

原来 샹풍 ○ 두러우下必用나가나字

或ㅣ ○ 에치 一云어머무

倘或 만일 ○ 애카바더○又힝혀

該當 응당 ○ 갸 이

必定 반ᄃᆞ시 ○ 우루나쿠○或모로미

如何 엇지 ○아다라머

何如 엇더ᄒᆞᆫ뇨 ○안타가

沒奈何 無可奈何 ○우매나머 무터라쿠 一云우매나치 오좌라쿠

罷不得 不得己 ○알하 아쿠

能幾何 언머치 ○갸나쿠 우두

如何得 엇지시러곰 ○애남바하빙

怎麼的 엇지ᄒᆞ여셔 ○애나해 우下必用니字

甚麼 엇던 ○애카

怎樣 어인 ○애나하

怎麼 무슴 ○애누

怎麼呢 어이ᄒᆞ리 ○애남비

怎麼說 무어시라 ○애 슈머

怎麼樣 엇지ᄒᆞ리 ○애나라

說甚麼 무어시라ᄒᆞ더니 ○애 습비

甚麼甚麼 무슴무슴 ○애마카

作甚麼人 무엇ᄒᆞᄂᆞᆫ사ᄅᆞᆷ ○애나라 냥마

那裏的 어ᄃᆡㅅ것 ○애빙거

這裏 여긔 ○어더

于彼 져긔 ○터더

此處 이곳 ○우반

那處 져곳 ○ 투바

這樣 이리 ○ 욷투

這樣的 이러톳 ○ 언터거

那樣 뎌리 ○ 툴투 ○又 故로

那樣的 뎌러톳 ○ 턴터거

何處 어딕 ○ 애비더

于何 무어세 ○ 애더

從那裏 어딕로셔 ○ 애비치

往何處 어딕로 ○ 압시 ○又 마장

向別處 다룬 딕로 ○ 갑시

向他 뎌향ᄒᆞ여 ○ 바루 ○上必用이字

白白 그저 ○ 배

白白的 부절업시 ○ 배비

枉自 쇽절업시 ○ 윤투 ○후리

狠 마장 ○ 아수루 一云 덤베

忒 너무 ○ 혼

太過 ㅣㅣ히 ○ 쟈치

至極 ㅣㅣ히 ○ 우머시

永永 ㅣㅣ ○ 부하리 ○又 一切

永長 기리 ○ 언터허머

全然 아조 ○ 우매

忽然 ㅣㅣ히 ○ 홀콘더

迥然 넉도히 ○ 칭개

共同 대되 ○ 우허리 一云우헤

與 더브러 ○ 엄기

姑且 아직 ○ 타가

但是 다만 ○ 다무 ○ 或오직

都是 다 ○ 거무

全是 젼혀다 ○ 노호

也是 ᄯᅩ ○ 거리

胡亂 간대로 ○ 바래

猝然 ㅣㅣ히 ○ 개태 ○ 又문득

再再的 누누히 ○ 엄두베

一塊兒 ᄒᆞᆫ가지로 ○ 엄기 一云엄더

一齊 ᄒᆞᆷᄭᅴ ○ 사사 一云사사리

且住 날회라 ○ 타카수

獨自 호올로 ○ 엄훈

全 오로 ○ 욷너

再 다시 ○ 쟤 ○ 又다뭇 ○ 又밋

一併 ᄀᆞᆺ재 ○ 니시해

一概 도모지 ○ 비러머

儘一儘 잇긋 ○ 업시허

到底 나죵내 ○ 지두지 一云두버허리

大凡 무릇 ○ 야야

千般萬次 온가지로 ○ 에러러머

險些兒 ᄒᆞ마 ○ 에레 一云어러게

況且 ᄒᆞ믈며 ○ 터러 앙가라

想是 싱각건대 ○ 앤치 ○又그러나

寡是 섇 ○ 테러 一云챵기

所由 탓 ○ 하란

多多的 ᄆᆞ드 ○ 쟈루 一云니샤

盡數 몰쇽 ○ 와치하머 一云비러러

畢境 ᄆᆞᄎᆞᆷ내 ○ 나랑기

凡百 온갓 ○ 에련

越發 더욱 ○ 어러

尙且 오히려 ○ 호노 ○下必用바더字

徒然 ᄒᆞᆫ갓 ○ 머거러

罷字口氣 ᄒᆞ여시리라 ○ 드러

而已 ᄯᆞᄅᆞᆷ ○ 다바라 一云고지머

恁憑 임의 ○ 치하

恁憑了 임의로 ○ 치해
故意 부러 ○ 졸래 一云졸랑기

敢 감히 ○ 걸。훈 악쿠 ○ 又生心이나
雖 비록 ○ 우두 우下字用비치비合字

幾箇 언머 ○ 우두
罷呀 마라 ○ 퐈배

別 말라 ○ 우머 우下字用라러로字
遮兒口氣 아나 ○ 마

自然口氣 그릴식 ○ 어시 우下字用치字
一回兒 잇다가 ○ 바지

管係麽 네아랑곳가 ○ 신더 애 달。지
何傷 관계호랴 ○ 애비

相干 간섭 ○ 달。지
不相干 간셥지 아니타 ○ 달。지 아쿠 一云달。쟈쿠

不妨 관겨치 아니타 ○ 황갸라쿠
不中用 쓸딕 업다 ○ 배라쿠

照例 그대로 ○ 송쾨 ○ 又자최
依舊 녜대로 ○ 벼 송쾨

支支吾吾 이리저리 ○ 얼권 털권
索性 이리나 저리나 ○ 이너 머너

撈把住 되는대로 ○낙부해 낙부해 ○又다듯노쥬쥬

庶幾 거의 ○하미가

幾及 거의밋다 ○하미남비

及至 다ᄃᆞᆺ도록 ○이시타라

句了 족ᄒᆞ다 ○어럼비 一云터숨비

句句的 슬토록 ○어러터러

不要了 슬타 ○어시커

遭是 마좀 ○아츈 더 챠츈

不覺的 얼던덧 ○헐츈 아쿠

再三 다시곰 ○칩퉈

反倒 도로혀 ○어러망가 一云너머머

剛剛的 계유 ○알간

正 졍히 ○징

咳未 못ᄒᆞ엿다 ○운더

豈有此理 이럴니이시랴 ○애 거리

以来 브터 ○엽시 ○上必用치字

爲此 일로ᄒᆞ여 ○쟈린 ○又爲某事之爲

以此 일로ᄲᅥ ○어러니

從今以後 이후는 ○어러치 아마시

統一 ㅣㅣᄒᆞ다 ○우허리럼비 一云우허 오부하

創 창셜 ○북진

元年 ㅣㅣ ○수츙가 아냐

存亡 ㅣㅣ ○타시러 우쿠러

廢 다ㅣᄒᆞ ○나카붐비 一云재라붐비

半途 듕간 즈음 ○알。다시

中道而廢 ㅣㅣㅣㅣᄒᆞ다 ○알。다시람비

已上 ㅣㅣ ○어러치 워시훈

已下 ㅣㅣ ○어러치 부시훈

除此之外 이밧긔 ○어러치 툴。편

我 내 ○비 오잇다

我的 나의 ○미니

我的東西 내것 ○마닝거

比我 내게셔 ○민치

我也 나도 ○비 호노

我們 우리 ○무스 一云버

我們的 우리의 ○머니

於我們 우리의게 ○먼더

伱 너 ○시

伱的 너의 ○시니

於伱 네게 ○신더

把你 너를○심버 又 닙로

你們 너희○쉬

你們的 너희의○쉬니

他 저○아

他的 저의○이니

他們 저희○쳐

他們的 저희의○쳐니

誰 누고○워

誰的 뉘것○웽거

別人 놈○워리

別人的 놈의것○워링거

他人 다룬이○가 又 다룬

有誰 뉘잇더니○야카

那的 어니○야

此輩 이들○어스 一云 얼서

那班人 져들○터스

輩 뉴들○울서

這箇 이○어러

那箇 져○터러

兩箇人 둘히○츄워 노흥○餘見

彼此 서로 ○ 잇훈더

相對 마조 ○ 잇훈

羣 무리 ○ 벙련

位 사무어 ○ 어거

受罷 바드라 ○ 개수

受了 밧다 ○ 아리머 갬비 一云아람비

給他 주다 ○ 붐비

進呈 드리다 ○ 아리붐비

送面皮 선물드리다 ○ 더지 붐비

拿着 가지다 ○ 갬비

拿来 가져오라 ○ 가쥬 一云번쥬

給我 다고 ○ 가지 一云민더 부

取来 가져오다 ○ 가짐비

拿去了 가져가다 ○ 가맘비

去取 가질나가다 ○ 가남비

送去 보내다 ○ 웅김비

送東西 物件보내다 ○ 버넘비

送了来 보내여오다 ○ 번짐비

有麽 잇ᄂᆞ냐 ○ 비부

有啊 잇다 ○ 빔비

沒了麼 업냐 ○아쿤 又아니냐

沒有 업다 ○아쿠

快快 섈니 ○후둔

快着 섈니 ᄒᆞ다 ○후두람비

緊急 급히 ○하히

急速着 급히 ᄒᆞ다 ○하히람비 一云후두람비

快着 수이 ○하사

忙啊 밧브다 ○어여셤비 一云업셤비

慌忙 ㅣㅣ ○어부후 사부후 一云억셔머 삭시머

次次兒 ᄎᆞᄎᆞ로 ○우란 우란 이

倍倍 더더로 ○쟈란 쟈란 이 一云쟈란 하라머

漸漸的 졈졈 ○울현 울현 이 一云츈 츈 이

連絡 니음ᄃᆞ라 ○시란 시란 이 一云시란두해

重重 거듭 ○다훈 다훈 이

疊疊 ㅣㅣ ○다힌 다힌 이

層層 ㅣㅣ ○결기 결기

各自各自 각각 ○머니 머니 一云버리 버리

頻頻 ᄌᆞ로 ○울쿠지

常常的 건네 ○다루해

比比 다견조 ○뒤부럼비

等 ㅣ ○절기

彷彿 ᄒᆞ다 ㅣㅣ ○아다리샴비

別 별로 ○쇼호어 一云벌워쥬거

難 어렵다 ○망가○又잘ᄒᆞ다

吉兆 ㅣㅣ ○토도로

兆胎 징됴 ○사비

機會 ㅣㅣ ○우챠라분

逢時 때만나다 ○어린 레수럼비

奇之 긔트기너기다 ○벌워검비

垂名 일홈드리오다 ○거부 투람비

一様 ᄀᆞᆺ다 ○아다리 一云거서

異 다ᄅᆞ다 ○언쥬○又ᄯᅩ로

特別 히 ㅣㅣ ○쇼호퇴

易 쉽다 ○쟈

祥瑞 ㅣㅣ ○벌워쥰

機微 ㅣㅣ ○낫훈

遭遇 긔회만나다 ○낫후람비

奇哉 긔특ᄒᆞ다 ○벌워쥬거

得名 일홈엇다 ○거부 바하 一云거부 개하

聲譽 소문 ○알긴

有名頭 소문나다 ○ 알ᄋᆞ김비

凶 ᄒᆞ다 ○ 어허

成了 일오다 ○ 무덤비

毁壞了 문허지게되다 ○ 갈쟝훈 오호

破了 새여지다 ○ 후쟘비 ○ 又 뮈여지다

折了 브러지다 ○ 비쟈햐 一云 목쵸호

紋了 금조이다 ○ 시참비

裂縫 틈나다 ○ 쟈카남비 一云 가카람비

艌縫 通稱 틈메오다 ○ 지범비

填滿 메다 ○ 빙험비 一云 시붐비

吉 ᄒᆞ다 ○ 샌

興起 ᄒᆞ다 ○ 묵더커 一云 연더허

壞了 문허지다 ○ 어부졉비 一云 우러졉비

塌陷 ᄭᅥ지다 ○ 슝ᄋᆞ굼비 ○ 조구러지다

碎了 ᄇᆞᅀᆞ지다 ○ 메졉비

斷折 ᄭᅳᆫ허지다 ○ 락참비

裂開 터지다 ○ 박참비 ○ 又 ᄯᅧ나가다

隙 틈 ○ 버런 一云 쟈카

填了 메오다 ○ 쥬킴비

扭挿 트러막다 ○ 심비

殘碎 ᄌᆞᆺᄆᆞᄋᆞ다 ○ 갈람비
研碎 즉긔치다 ○ 녀쟈람비

打破 새티다 ○ 화람비
截折 브르지ᄅᆞ다 ○ 목소롬비

折之 ᄡᅥᆨ다 ○ 비람비
斷了 근타 ○ 랏하람비

砍截 ᄌᆞᄅᆞ다 ○ 메덤비
撕開 뜻다 ○ 타타람비

連了 닛다 ○ 시람비
緊緊的 쟌ᄯᅳᆨ ○ 빙타

緊扣 돈돈이 ○ 치라
縫着 믜다 ○ 홰탐비

連縫 셔믜다 ○ 홀。봄비
紮纏 동히다 ○ 챠담비

解 푸다 ○ 숨비 又 그르다
纏繞 감다 ○ 할。김비

鬆寬 버슴ᄒᆞ다 ○ 수라 又 너너ᄒᆞ다
貼上 부티다 ○ 라룸비 又 귀집붓다

遮蔽 ᄀᆞ리오다 ○ 다람비
掛着 거다 ○ 라갸비

脫卸 버서지다 ○욱참비 又풀리다

空了 뷔다 ○운투훈

心空 속궁그다 ○웅두

滿了 ᄀᆞ득ᄒᆞ다 ○쟈룸비

不滿 골타 ○박탐비 一云욘돔비

長了 기다 ○골。민 又길

長些兒 길즉기 ○골。미칸

短了 져ᄅᆞ다 ○보호론

厚了 두텁다 ○지라민

薄了 엷다 ○너커련

大 크게 ○암부라 又만히

大了 크다 ○암바

碎小 ᄌᆞᆫ다 ○부야 又小官小人之小

張大 크게ᄒᆞ다 ○암바람비

全的 온젼ᄒᆞᆫ것 ○무야훈

整的 온것 ○굴。훈

寬濶 너르다 ○온쵸

窄了 좁다 ○잇허련

圓了 두렷ᄒᆞ다 ○무허련

直了 곳다 ○톤호

偏了 기오다 ○ 울훔비 一云 해다람비

彎了 휘여지다 ○ 묘쇼롬비

下垂了 通稱 느러지다 ○ 랍다훈

歪了 실긔다 ○ 왜쿠람비

斜了 빗기다 ○ 어셤비 又 비놀긁다

吊下来 뎌러지다 ○ 투헌잠비

稜兒 모 ○ 둘버젼

匾的 넙죽ᄒᆞ다 ○ 카파훈 一云 할。뱐

彎的 구븐것 ○ 무당가

鉤的 고븐것 ○ 고홍고

有方的 귀진것 ○ 호숑고

橫 ᄀᆞ르 ○ 허투 又 볍의

縱 셰 ○ 운두

匱隔 간마기 ○ 갸라쿠

隔斷 간막다 ○ 갸람비

疊堆 쥬겨 싸타 ○ 사함비

圍堆 둥구러게 싸타 ○ 무하럄비

畜積 싸타 ○ 의탐비

細了 묵다 ○ 불。몀비

潮了 축축ᄒᆞ다 ○ 덜범비

蔭開 저저펴지다 ○서념비

滋蔓 퍼져가다 ○바다람비

滲入 빗다 ○싱겁비○又얼곤것사기다

濕了 젓다 ○우시힘비

使濕 적시다 ○우시히붐비

着雨 비맛다 ○아가 더 암챠부하

兩淪了 비ᄉᆞ믓다 ○셔검비○又어러벗벗ᄒᆞ다

滋了 붓다 ○마담비

沉着 ᄌᆞᆷ그다 ○울。감비

浸泡 ᄃᆞ무다 ○어버톰비

洗洗 씻다 ○오붐비○又샷다

乾了 ᄆᆞ르다 ○올。홈비

使乾 ᄆᆞᆯ뢰오다 ○올。호붐비

乾硬 ᄆᆞᆯ나ᄃᆞᆫᄃᆞᆫᄒᆞ다 ○카탐비

陰乾 ㅣㅣᄒᆞ다 ○실。어념비

曬曬 볏희ᄆᆞᆯ뢰오다 ○왈。갸비

洒水 물ᄲᅳ리다 ○부숨비○又믈ᄲᅮᆷ다

抖抖 썰티다 ○이시힘비 一云빙시힘비

張開 펼치다 ○사람비

伸開 펴지다 ○시다람비 一云사남비

一頭翅 몰니이다 ○ 호토롬비

本 근본 ○ 다 ○又頭目

末 끗 ○ 두버

委任 맛지다 ○ 아방붐비

信他 미더ᄒᆞ다 ○ 악담비

恃他 밋다 ○ 얼툼비

報應 ㅣㅣ ○ 아챠분

報了 갑다 ○ 카루람비

護庇 보전ᄒᆞ다 ○ 칼맘비

扶持 븟드다 ○ 워혐비

幇助 돕다 ○ 애시람비

催逼 독촉ᄒᆞ다 ○ 솔김비 一云보솜비

催催 지촉ᄒᆞ다 ○ 하ᄎᆞ함비 ○又음식권ᄒᆞ다

遮掩處 그윽ᄒᆞᆫ듸 ○ 다냔

幽 그윽ᄒᆞ다 ○ 소밋훈 一云부투

察看 ᄉᆞᆲ피다 ○ 킴침비

仔細看 조심ᄒᆞ라 ○ ᅌ걸ᅌ커

明白了 명ᄇᆡᆨ히ᄒᆞ다 ○ 거투커럼비

顯然 ㅣㅣ ○ 이러투

顯露 나타나다 ○ 이러투럼비

暴露 두두러지다 ○불。타훈 투치커

露出 긔싁드러내다 ○투염붐비

窮寒 헐버서칩다 ○버염비

手寒 손스리다 ○가라 샤후람비

耳面俱凍 ᄲᅣᆷ귀ᄃᆞ다 ○야리붐비

寒栗子 소오롬 ○쇼코 야리

不耐 겨ᄂᆡ지못ᄒᆞ다 ○하미라쿠 一云아라머 무터라쿠

教勞 슈고롭게ᄒᆞ다 ○죠보붐비

教苦 괴롭게ᄒᆞ다 ○쉬라붐비

折鋭 예긔썩다 ○냔챤 비람비

救他 구완ᄒᆞ다 ○담비

撒給 펴주다 ○사람머 붐비○又賑濟ᄒᆞ다

變了 변ᄒᆞ다 ○쿠부림비

變化了 變化ᄒᆞ다 ○우바람비

改變了 변ᄌᆡᄒᆞ다 ○콰람비

期約 ㅣㅣᄒᆞ다 ○불。좀비

愆期 긔약어긔치다 ○투림비

約束 ㅣㅣ ○쟈방타

定約 언약 ○불。죠혼

利益 ㅣㅣ ○투사

有益｜｜ᄒᆞ다 ○ 투상가

消息｜｜ ○ 머지거 一云머드거

瘢點 퇴 ○ 이치히 ○ 又몬지

染糙 ᄯᅴ오르다 ○ 벌터녀허비

汗沾衣 ᄯᆞᆷ옷시비다 ○ 셥터허비

滴滴 ᄠᅳᆺᄠᅳᆺ다 ○ 삽다샵비

荏苒｜｜ ○ 거리 방리 ○ 又恍惚ᄒᆞ다

紛紜｜｜ ○ 불긴 발긴

沓沓｜｜ ○ 후룰 마랄

紛紛｜｜ ○ 숄 슈머

聲息 긔척 ○ 아수키 ○ 或消息

探信息 긔별듣보다 ○ 머지거렴비

瑕垢 ᄯᅴ ○ 벌턴

汚了 더러이다 ○ 난투후람비 一云랑스담비

漏 ᄉᆡ다 ○ 삽담비

安逸｜｜ᄒᆞ다 ○ 질감비

耿耿｜｜ ○ 거리 가리 ○ 又뵈락말락

碌碌｜｜ ○ 루루

寂寂｜｜ ○ 침챱 스머

蕭蕭｜｜ ○ 살 살 슈머

浩浩 ㅣㅣ ○홰 슈어
沛然 ㅣㅣ ○황갈 슈어
極白貌 허여게 ○털 슈어
亂說貌 둥쥬어리다 ○뱌달 슈어
些少貌 죠고만 ○설 슈어
該該滾滾 우골우골 ○봘 슈어
水渢渢 풍풍 ○불 슈어
恰似 마치 ○라 슈어
寒心 ㅣㅣᄒᆞ다 ○희리 오호
靜 고요ᄒᆞ다 ○참 슈어 오호

消消 ㅣㅣ ○울 슈어
擁擠貌 우루루 ○쿵울 슈어
光潤貌 멀거게 ○불 슈어
稠密貌 빅빅 ○빅 슈어
粉粹貌 ᄇᆞᄋᆞ다 ○버술 슈어
銅鐵玉相磡聲 징강징강 ○캉랑 킹랑
酥軟 버스스 ○부술 슈어
清寒 ㅣㅣ ○힙찬
淒凉 ㅣㅣᄒᆞ다 ○시마츄카
果然 ㅣㅣ ○무장가

偶然 ㅣㅣ ○타루

飄然 ㅣㅣ ○어열셔머

昂然ᄒᆞ다 ㅣㅣ ○캉얄샴비 一云어얼셤비

草率히 ㅣㅣ ○애나머 애나머○又苟且

異端 ㅣㅣ ○뎌문

沉惑ᄒᆞ다 ㅣㅣ ○윰비

潛越넘나다 ㅣㅣ ○다바리

不幸 ㅣㅣ ○취시 아쿠

勞苦잇부다 ㅣㅣ ○쉬라츄캬

倉卒 ㅣㅣ ○벙더 바다 一云벙더리

依然 ㅣㅣ ○부루 바라

自然 ㅣㅣ ○이니 치쉬

麤率좀쳐로 ㅣㅣ ○슈슈리 마샤리

左道 ㅣㅣ ○하수태 도로

恠異ᄒᆞ다 ㅣㅣ ○배쥬마 一云배지마

過啊과ᄒᆞ다 ㅣㅣ ○다바남비

可危위티롭다 ㅣㅣ ○툭시츄거

辛苦ᄒᆞ다 ㅣㅣ ○죠보로 쉬라라

煩雜 ㅣㅣ ○랄긴

混沌 ㅣㅣ ○훌ᅌ히 람파

朦朧 ㅣㅣ ○부루ᄋ훈

經綸 ㅣㅣ ○이지러 워읏지러

倒懸 ㅣㅣᄒᆞ다 ○부다시훈 라갸하

行狀 ㅣㅣ ○야분 송코

事蹟 ㅣㅣ ○배타 송코

優劣 ㅣㅣ ○불루 어버리

緩急 ㅣㅣ ○하히 얼ᄋ허

狼狽 ㅣㅣ ○아난 슈킨

行李 ㅣㅣ ○아치하 불ᄋ면

意外 ㅣㅣ ○구니치 룰ᄋ견 一云구니치 다바리

平生 ㅣㅣ ○안이 이녕기 一云반지러 워러

八字 ㅣㅣ ○쟈쿤 헐건

平常 뎨ᄉᆞ ○알사리

合 다ㅣᄒᆞ ○캄님비

並 야오다 ○캄침비○又兼ᄒᆞ다

麤啊 通稱굵다 ○무와

細啊 通稱ᄀᆞᄂᆞ다 ○날훈○又精ᄒᆞ다

稠密 ᄇᆡ다 ○빙신 一云즈루약

稀罕 드므다 ○서리

稀疎 ㅣㅣᄒᆞ다 ○살갼○又성긔다

可 ᄒᆞᆫ다ㅣ ○ 옴비 ○上必用치字

順適 맛것첫다 ○ 이샹가

殘傷 ᄒᆞ다ㅣㅣ ○ 코키람비

一段 ㅣㅣ ○ 어무 머연

一辦 ᄒᆞᆫ쪽 ○ 어무 번터허

許多 ㅣㅣ ○ 우타라 一云투타라

徃那邉 저마작 ○ 쟈시

現成的 시방잇ᄂᆞᆫ것 ○ 버러나

背地理 못보ᄂᆞᆫᄃᆡ ○ 엉기치

不識 아지못게라 ○ 마카

不可 ᄒᆞ다ㅣㅣ ○ 오죠라쿠

沒趣味 ᄌᆞ미업다 ○ 시먼 아쿠 ○又蕭條

衰殘 ᄒᆞ다ㅣㅣ ○ 두버시러허

一件 ᄒᆞᆫ가지 ○ 어무 하친 ○又類

片 通稱조각 ○ 발시

君 그ᄃᆡ ○ 아구

剩一些 남기다 ○ 수라붐비 ○又부오다

渾普 온 ○ 굽치 ○上必用이字

爲之 삼다 ○ 오붐비

有條 됴리잇게 ○ 갸 뱐 이

緣故 ㅣㅣ ○ 툴군
火牌 憑報 ○ 후둔 빋허

筭筭 혜다 ○ 다붐비
費日子 날허비ᄒᆞ다 ○ 이넝기 배붐비

遺下 기치다 ○ 워림비
揪心 ᄆᆞᄋᆞᆷ계이다 ○ 도로 타타붐비

激他 격동ᄒᆞ다 ○ 누김비
厭聽 듯기슬타 ○ 양샨

亂弄 뎜병이다 ○ 온돔비
劈柴 장작 ○ 갸라 모

劈燒柴 나모ᄲᅢ리다 ○ 캬림비
重皮 적너다 ○ 갸피남비

乘傳 역마ᄐᆞ다 ○ 갸무람비
疎遠 ㅣㅣᄒᆞ다 ○ 상카

合叩 업퍼노타 ○ 웅검비
文采 ㅣㅣ ○ 양스

恠石 ㅣㅣ ○ 벌워츄커 워허
伏聞 ㅣㅣᄒᆞ니 ○ 츄쿠빙 돈지치

不稱 단명타못ᄒᆞ리라 ○ 알라시 ᄉᆞ치 오쇼라쿠
泄精 ㅣㅣᄒᆞ다 ○ 오리 투리부허

肅殺 참담ᄒᆞ다 ○ 분더훈 ○ 又 고요ᄒᆞ다

隔了 즈음ᄒᆞ다 ○ 갸라하비

發憤直前 분내여 내ᄃᆞᆺ다 ○ 방불샤비

憑意來去 任意去就 ○ 더러리 ○ 又 着念칭아니타

恒習 ㅣㅣᄒᆞ다 ○ 이림바하 ○ 又 永壬의녀다

天麅 하ᄂᆞᆯ이 돕다 ○ 애심비

震耳 소리귀예 막질니다 ○ 샨 시참비

敪㨾 임내내다 ○ 알부샴비

悞了 어긋나다 ○ 토감비 一云 살탐비

享領 거ᄂᆞ리다 ○ 갬비 ○ 又 取ᄒᆞ다

懸掛了 돌니이다 ○ 로호부하

無定向 이리톄리 톰홍다 ○ 엄시 챠시 앙쥬

捨命 목숨ᄇᆞ리다 ○ 열건 셔럼비

差錯 ㅣㅣ ○ 챠라분

相與 의ᄯᅳᆺ 맛다 ○ 구림비

迷失路 길일타 ○ 쥬군 밤붐비

爲頭 ㅣㅣᄒᆞ다 ○ 우쥬람비 一云 다람비

時際 즈음 ○ 우츄리 一云 널긴

固 굿게ᄒᆞ다 ○ 버키럼비

邂逅 相逢 俟밧긔 만나다 ○ 률슈 아챵 ○ 又 반갑다

繁盛ㅣㅣᄒᆞ다 ○부섬비

罷了무던ᄒᆞ다 ○욕칭가

預度ㅣㅣᄒᆞ다 ○틀°빔비

震動ㅣㅣᄒᆞ다 ○둘검비

遷延ㅣㅣᄒᆞ다 ○아남비 ○又妨害롭다

謹封ㅣㅣ ○악두라머 범피러허

官馬ㅣㅣ ○알°반 이 모린

自馬私馬 ○버예 모린

夫馬ㅣㅣ ○버너러 후순

馬夫ㅣㅣ ○모린 다하라 후순

春帖立春ㅅ글 ○녕녀리 도뢰 뒤즈 빌허

却說ㅣㅣ ○터러치

幌一幌번드기다 ○거리럼비 一云절기셤비

離異ㅣㅣᄒᆞ다 ○호코롬비

屬ㅣᄒᆞ다 ○하랑가

排了버리다 ○배다하 ○又빠푸다

修了닥다 ○다사탐비

嘯了슈피람ᄒᆞ다 ○앙가 빙참비

當ㅣᄒᆞ다 ○아리머 무텀비 一云당남비

臨ㅣᄒᆞ다 ○엉거럼비

橫行ᄒᆞ다 ㅣㅣ○허투 윤투 야붐비

每人之每 마다 ○다리 一云토머

守歲 파셰ᄒᆞ다 ㅣㅣ○아나 아람비

要緊ᄒᆞ다 ㅣㅣ○오용료

景ㅣ○알분

討化 비럭질ᄒᆞ다 ○교함비 一云교호솜비

三分五裂 산산이 ○가리 마리

鬆了 믜것누다 ○구니럼비 又셔우죵라

行首 항슈 ○다라하 하반

閒暇ᄒᆞ다 ㅣㅣ○수라 터허

延頸 목느리혀다 ○몽곤 삼피

悄悄的 마만이 ○젼두 一云젼두권

非常ᄒᆞ다 ㅣㅣ○언츄 하친 一云절깅거 와카

虛踈 ㅣㅣ○뵈호리

光光 구경ᄒᆞ다 ○사라샴비 一云살가샴비

處處 有곳곳지구 孔무나다 ○상가타남비

紛散ᄒᆞ다 ㅣㅣ○손손이 삼시하

脫落 凡物집의 ᄲᅡ지다 ○옥시붐비

皂隷 ㅣㅣ○여부식 又羅將

私ᄉᆞᄉᆞ ○치수

消滅ㅣㅣᄒᆞ다 ○마얌비

冒矢石之冒 무릅ᄡᅳ다 ○발샴비

指示 손으로ᄀᆞᄅᆞ티다 ○죠림비

貴庚 무슴ᄉᆡᆼ고 ○애 아냐

屬子的 子生이라 ○싱워리 앙햐가○[illegible]饒

年紀多少 나히언머나 ○서 아다라머 一云서 우두

那裏存着 어ᄃᆡ셔사ᄂᆞ니 ○애비더 터허비

在罷呢 이시라 ○비수 ○又머믈라

不勝ㅣㅣ ○아람바하라쿠

該堪 ᄒᆞ염즉 ○아참비○上聲用치字

將次ㅣㅣ ○하미머

碍 싀이다 ○봄보노호

由 말미아마 ○송코로머 一云하루라머

得 시러곰 ○바하빙

使 ᄒᆞ여곰 ○버

能 능히 ○무터머

因 인ᄒᆞ여 ○오머

寧 ᄎᆞ할히 ○슈려 앙가라

盡 진ᄒᆞ다 ○와치햐

全備ㅣㅣᄒᆞ다 ○용갸비

完了 못다 ○와짐비

完畢了 다못다 ○샹감비

停止 그치다 ○나캄비

同文類解下終

語錄解

ᠣᠪᡠᠮᡝ把字。將字。卽을字意。又以字。用字。卽써字意。又令字。教字。卽으로字意。又也字。如云將他領了去ᡨᡝᡵᡝᠪᡝ ᡤᠠᡳᠮᡝ ᡤᡝᠨᡝᡥᡝ、以何為根本ᠠᡳ ᠣᠪᡠᠮᡝ ᡩᠠ ᠣᠪᡠᠮᠪᡳ ᠰᡝᡶᡠ ᡥᡝᠨᡩᡠᡥᡝ師傅說了教你去ᠰᡳᠮᠪᡝ ᡤᡝᠨᡝᠪᡠ ᠰᡝᡥᡝ、如接虛語用已然未然者俱可接ᠣᠪᡠᠮᡝ字其ᡴᠣ ᡴᠠ、ᡥᠠ ᡥᡝ、ᡵᠠ ᡵᡝ等虛字之下不可用ᠣᠪᡠᠮᡝ字若係整語如ᠣᠪᡠᠮᡝ ᠰᠠᡳᠨ之類直用ᠣᠪᡠᠮᡝ字又有連寫者。必用ᠮᡝ字帶下如ᠪᡠᡥᡝᠮᡝ、ᡩᡠᠰᡳᠮᡝ、ᡥᠠᠰᡠᠮᡝ之類亦有整語。如勤曰ᡤᡡᠨᡳᠮᡝ好了曰ᠰᠠᡳᠨ ᠣᠪᡠᠮᡝ之類是也。凡遇

ᠪᡳᠰᡳᡵᡝ ᡳ ᠪᠣᠣᡥᠠᡳ之上。必用ᠪᡳ字。凡書法不可以
ᠪᡳ字提寫一行之首至於ᡩᡝ ᠨᡳ ᠴᡳ ᠪᡝ
等字亦然。此等字用於連字之頭者。名曰整字。
或有用於中。有用於尾。及單用者。方為虛字解。
清話字尾。無聯虛字者。是令人之詞也。
ᡩᡝ時候字。即列字意。又地方字。往字。即에字意。又
給字。於字。即게字意。又作而字意。乃轉下申明
語。單用聯用俱可。其已然未然之詞。照上文分
別用。如云。大人們方纔去的時候告訴了ᠠᠮᠪᠠᠰᠠ
ᡨᡝᠨᡳ ᡤᡝᠨᡝᡵᡝ ᡩᡝ ᠠᠯᠠᡥᠠ你往那裡去ᠠᡳᠪᡳᡩᡝ ᡤᡝᠨᡝᠮᠪᡳ

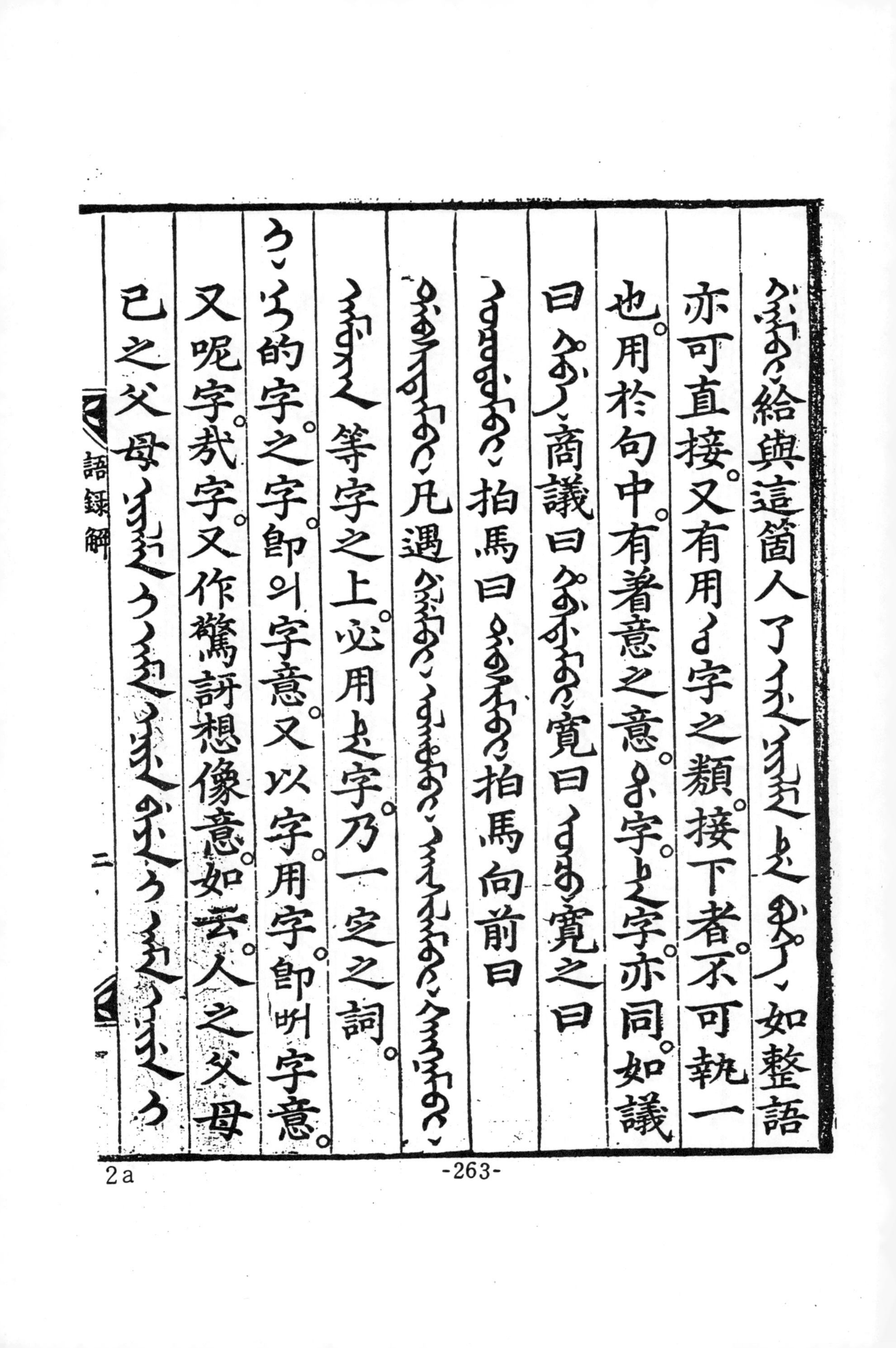

[Manchu]給與這箇人了[Manchu][Manchu][Manchu][Manchu]如整語亦可直接。又有用[Manchu]字之類。接下者不可執一也。用於句中有着意之意。[Manchu]字。[Manchu]字亦同。如議曰[Manchu]商議曰[Manchu]寬曰[Manchu]寬之曰[Manchu]拍馬曰[Manchu]拍馬向前曰[Manchu]凡遇[Manchu][Manchu][Manchu][Manchu][Manchu]等字之上。必用[Manchu]字。乃一定之詞。[Manchu]的字之字。卽의字意。又以字用字卽ᄢ字意。又呢字。我字。又作驚訝想像意。如云人之父母己之父母[Manchu][Manchu][Manchu][Manchu][Manchu][Manchu][Manchu]

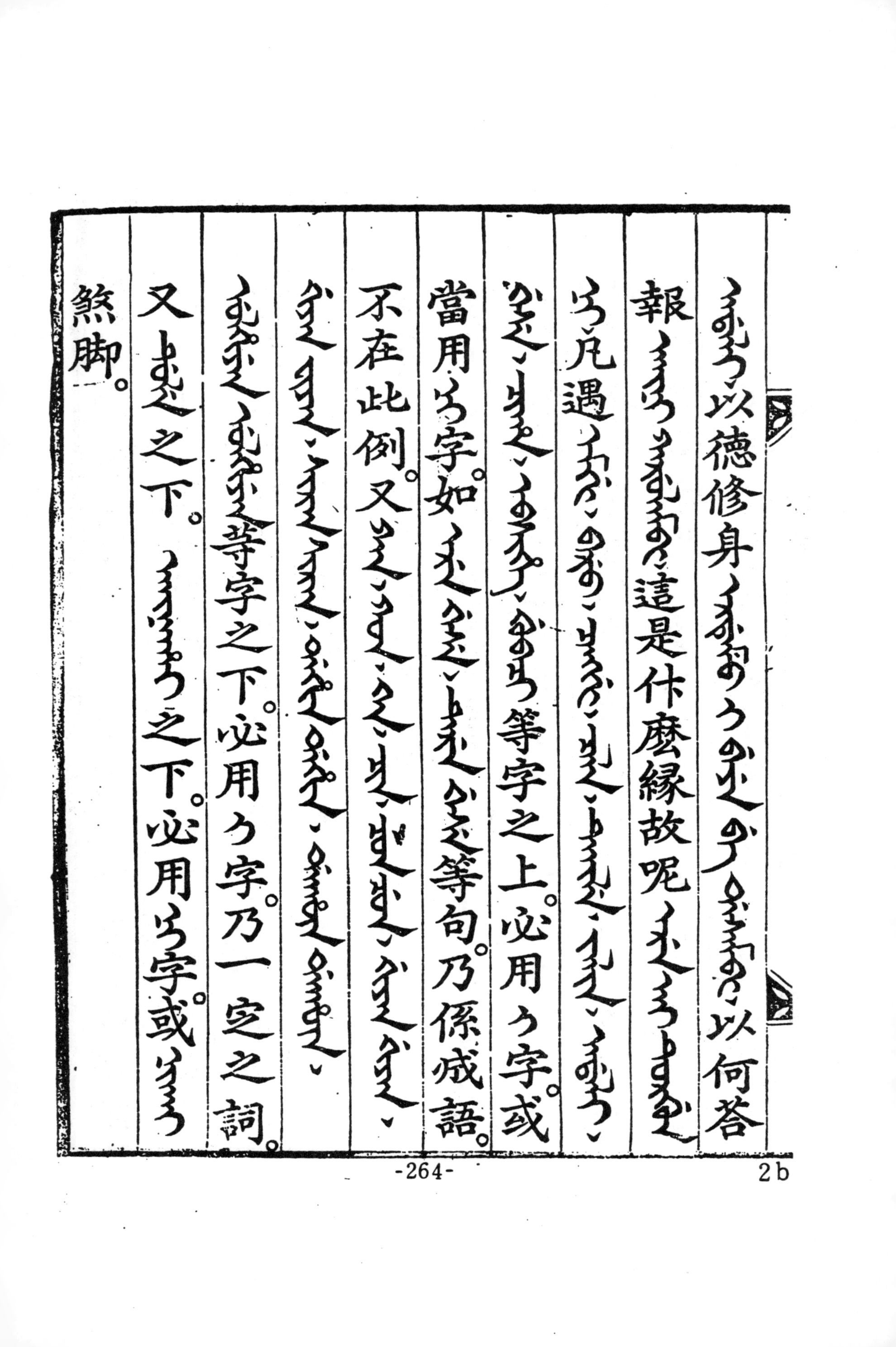

[Manchu]以德修身[Manchu]以何答報[Manchu]這是什麼緣故呢[Manchu]

[Manchu]凡遇[Manchu]、[Manchu]、[Manchu]、[Manchu]、[Manchu]、[Manchu]、[Manchu]等字之上。必用[Manchu]字或當用[Manchu]字。如[Manchu]、[Manchu]、[Manchu]、[Manchu]等句。乃係成語。不在此例。又[Manchu]、[Manchu]、[Manchu]、[Manchu]、[Manchu]、[Manchu]、[Manchu]、[Manchu]、[Manchu]、[Manchu]、[Manchu]、[Manchu]、[Manchu]、[Manchu]、[Manchu]等字之下。必用[Manchu]字。乃一定之詞。又[Manchu]之下。[Manchu]之下。必用[Manchu]字或[Manchu]煞脚。

ᡵᠠ ᡵᡝ ᡵᠣ用於字末。皆承上接下。未然之語。即亡字意。上用ᠠ之下用ᡵᠠ上用ᠣ下用ᡵᠣ上用ᡝ下用ᡵᡝ以叶韻為主。如於字中用者。乃用工用力之詞。即ᡴᡳᠴᡝᡵᡝ之類。又與ᠯᠠ ᠯᡝ字相同。如ᡤᡝᠯᡝᠮᡝ ᡤᡝᠨᡝᡵᡝ是也。又作煞尾用者。比ᠮᠪᡳ字語氣輕活。如我必去曰ᠪᡳ ᡠᡵᡠᠨᠠᡴᡡ ᡤᡝᠨᡝᡵᡝ、我去曰ᠪᡳ ᡤᡝᠨᡝᡵᡝ、

凡遇ᡳᠰᡳᠨᠠ、ᡳᠰᡳᠨᠠᡵᠠ、ᠣᠩᡤᠣᠯᠣ、ᠣᠩᡤᠣᠯᠣ、ᡠᠨᡩᡝ、等字之上。必用ᡵᠠ ᡵᡝ ᡵᠣ字。ᠪᡳᡵᡝ之下。亦用ᡵᠠ ᡵᡝ ᡵᠣ等字應之。如ᠠᡴᡡ ᠪᡳᡵᡝ、ᠠᠮᠠᡤᠠ ᠪᡳᡵᡝ等句。乃係急口成語。不在此例。是一定之詞也。

ᠯᠠ ᠯᡝ ᠯᠠᠮᠪᡳ用於句中。皆有用力之意。如自壞曰ᡝᡶᡠᠵᡝᡥᡝ壞之曰ᡝᡶᡠᠯᡝᡥᡝ如用於句末。作大凡字解。凡所聞曰ᡩᠣᠨᠵᡳᡥᠠᠯᠠ凡所到曰ᡳᠰᡳᠨᠠᡥᠠᠯᠠ

ᡥᠠ ᡥᡝ ᡥᠣ ᡥᠠᠪᡳ ᡥᡝᠪᡳ 矣字。了字。也字。在字尾聯用。皆已然之詞。亦視上文叶韻用之。如上ᠠ之下ᡥᠠ上ᡝ下ᡥᡝ上ᠣ下ᡥᠣ其ᡥᠠᠪᡳ ᡥᡝᠪᡳ又隨語氣以別。如令人去曰ᡤᡝᠨᡝ去了曰ᡤᡝᠨᡝᡥᡝ令人完曰ᠸᠠᠵᡳ完矣曰ᠸᠠᠵᡳᡥᠠᠪᡳ句中亦有的字解。如ᡤᡝᠨᡝᡥᡝ ᠨᡳᠶᠠᠯᠮᠠ ᡨᡠᠸᠠᡥᠠ ᠪᠠᡥᠠ之類。如下了曰ᠠᡤᠠᡥᠠ出了曰ᡨᡠᠴᡳᡴᡝ迎了曰ᠣᡴᡩᠣᡥᠣ之類也。至於ᠪᠣᡥᠣ ᠣᡥᠣ

[Manchu]此用[Manchu]字煞脚者乃一事之已完也用[Manchu]字煞脚者乃一事之未完文理斷耳其[Manchu]、[Manchu]又隨語氣以變耳

[Manchu]着字卽ㅎ여字意又ㅎ며字意在字尾聯用乃承上接下将然未然之語如云不能擧[Manchu] [Manchu]說着着[Manchu] [Manchu]句中或有連用幾[Manchu]字亦不妨但不可煞尾用乃係整語如[Manchu] [Manchu]、不在此例凡遇[Manchu]字之上必用[Manchu]字又漢文而字則用[Manchu]、意思相連而下也如曰富而貴[Manchu] [Manchu] [Manchu]

ᡥᠠ的了字卽亡丑字意又亡어付字意在字尾聯用乃結上接下将然已然之詞如云說了着ᠰᡝᡥᡝ ᠪᡳ語氣相似則連用數ᡥᠠ字義並同或有煞尾用者如ᠰᡝᠮᡝᡥᡝ之類又作因字意卽모로字意如因其如此所以如此則上用ᡥᠠ字以起下文

ᡥᠣ凡語中用皆直指其現在而言也下不可接ᡥᠠ ᡥᡝ ᡥᠣ等字俱是已了字矣字也字乃一事已畢用此煞尾另叙別情已然之語如云已來了ᠵᡳᡥᡝ已是得了ᠪᠠᡥᠠ已是去了ᡤᡝᠨᡝᡥᡝ

ᠪᡳᡥᡝ 乃追述語。即ᄒᆞ엿더니字意。上用ᠪᡳᠴᡳ字。照應。

ᠪᡳᡥᡝ ᠪᡳᠴᡳ 連用之法。乃設言己前之事。下必再用ᠪᡳᡥᡝ字應之。即ᄒᆞ엿쁘면字意。如云。若不那樣来着何以得這樣 ᡨᡠᡨᡨᡠ ᠠᡴᡡ ᠪᡳᡥᡝ ᠪᡳᠴᡳ ᠠᡩᠠᡵᠠᠮᡝ ᠪᠠᡥᠠᠮᠪᡳᡥᡝ ᡨᡠᡨᡨᡠ ᡝᡵᡝ ᡤᡝᠰᡝ ᠉

ᠪᡳᡥᡝᠪᡳ 追述往事煞尾之詞。即ᄒᆞ여실러니라字意也。

ᠣᠮᠪᡳ 可以字。使得字。作字。爲字。如上有ᠴᡳ字。作可字解。上有ᠪᡝ字。作爲字解。如可行曰ᠶᠠᠪᡠᠴᡳ ᠣᠮᠪᡳ

為我之兄曰 [Manchu] [Manchu] [Manchu] 此煞尾之詞。亦將來未然之用。與 [Manchu] 等字相近而不同 [Manchu] 等字。於承上接下處者多。此於語中竟結也。

[Manchu] 將然未然煞尾之語。如上文係整語。則用 [Manchu] 字接之。如忠曰 [Manchu] [Manchu] 此乃整語不可竟連 [Manchu] 故添一 [Manchu] 字也。如孝曰 [Manchu] 因此字非整語故以 [Manchu] 連寫之也。

[Manchu] 此字之用最廣也。專以承上文。又因其語而變化耳。如承上文之所云而作已然之用也。又上文係整語。尾必以此承接。方可轉下。如 [Manchu]

之類。如上文當用[illegible]字。則用[illegible]當用[illegible]字。則
用[illegible]當用[illegible]字。則用[illegible]已然。則用[illegible]將
然未然。則用[illegible]又有單用。如應曰可[illegible]不
可[illegible]亦是指其上文之所云者而言也。
[illegible]則字。卽ᄒᆞ면字意。又自字。卽부터字意。又由字。
從字。卽로字意。又比字。卽에셔字意。又第字。卽
재字意。在字尾聯用。乃結上起下未然之語。惟
結語不用。然又有用者。如上文[illegible]下必用[illegible]
字接之。如云[illegible]。[illegible][illegible]此煞尾之用
法也。如云。久則不可[illegible][illegible]。自今以

後 [Manchu] [Manchu] 比我年長 [Manchu] [Manchu] 伱在第幾箇上 [Manchu] [Manchu] [Manchu] 凡遇 [Manchu] [Manchu] [Manchu] [Manchu] [Manchu] [Manchu] [Manchu] 等字之上。必用 [Manchu] 字。此一定之詞也。

ᠰᡝ 以爲之意。卽 ᄒᆞ 字意。又等也。卽 들 字意。又去說之說字。卽 니ᄅᆞ라 字意也。又述人之語完了下用 ᠰᡝ 等字結之。卽 ᄒᆞ드라 字意也。如 [Manchu] [Manchu] [Manchu] [Manchu] [Manchu] 皆視上文。分別已然未然用至於 [Manchu] 之用法者。上文起語。必用 [Manchu] 如追述最前之事者。則以 [Manchu] 字結之。如云。吽

人這樣說 ᡠᡨᡨᡠ ᠰᡝ᠈ 我聽如此說 ᠪᡳ ᡩᠣᠨᠵᡳᠴᡳ

ᡠᡨᡨᡠ ᠰᡝᡵᡝ ᠪᡝ ᡩᠣᠨᠵᡳᡥᠠ 之下。必用 ᠰᡝᠮᡝ ᠰᡝᡵᡝ ᠰᡝᠮᡝ 等字接之。其 ᠰᡝᠮᡝ 之上。有 ᡠᡨᡨᡠ 字。卽以雖然字也。

ᡴᡳ 欲字。卽ᄒᆞ고져字意。又要字。卽ᄒᆞ쟈字意。又讓人請字。卽쇼셔字意。如欲取曰 ᡤᠠᡳᡴᡳ 要去曰 ᡤᡝᠨᡝᡴᡳ᠈ 請坐曰 ᡨᡝᡴᡳ 之類。如上非整語。卽以 ᡴᡳ 字連寫下。以 ᠰᡝ 字接之可也。如欲念書曰 ᠪᡳᡨᡥᡝ ᡥᡡᠯᠠᡴᡳ ᠰᡝᠮᡝ᠈

ᡴᡳᠨᡳ 任憑他罷字。又使令他人意。卽ᄒᆞ게ᄒᆞ라字

意也。句末用之。與ᠪᡠ字稍異。ᠪᡠ者有意使之如此。ᠵᡳᠪᡠ者。任彼如此也。如等他自来曰ᠵᡳᠪᡠ。任他坐曰ᡨᡝᠪᡠ、必使指他人而言也。又欲然口氣。如云。欲然豈得乎ᡨᡝᠪᡠ ᠰᡝᠮᡝ ᠪᠠᡥᠠᠮᠪᡳᠣ、

ᠪᡠ實解。令人給。又轉諭使令。即ᄒᆞ게字意在字中聯用。上文有ᠪᡳ字。作教令字用。上文有ᠰᡝᠮᠪᡳ字。作彼他字用。如令人行某事曰ᠶᠠᠪᡠᠪᡠ ᠰᡝᠮᠪᡳ令人作某事曰ᠠᡵᠠᠪᡠ ᠰᡝᠮᠪᡳ若無ᠰᡝᠮᠪᡳ二字。只有ᠪᡠ字者。亦與有ᠰᡝᠮᠪᡳ字。義並同。

ᠪᡠᠮᡝ用於句中。亦是使之如此之意也。必因上文係

[illegible] 而又以 [illegible] 之音叶之。如拓開曰
[illegible] 解慰曰 [illegible]
[illegible] 用於句末。教人口氣。即하라字意。
如令人去曰 [illegible] 令人言曰 [illegible] 其詞直截。不
可助語。如上文不可竟斷。乃用 [illegible] 等字承之。如
令人取之曰 [illegible] 令人住止曰 [illegible] 皆因上一
字。不可單住。故以此等字接之也。其 [illegible] 亦令
人之詞。向尊長言說不得。如云。勸人吃飯 [illegible]
[illegible] 吃飯罷 [illegible]
[illegible] 俱是頻頻不一。不止不

定之意。又徽徽之意在字中協上字韻聯用。即不足、字意。又 [Manchu] 字意也。如戀戀不捨曰 [Manchu] 連叩頭曰 [Manchu]、徽癘曰 [Manchu] 之類。字義皆同耳。

[Manchu]

[Manchu] 此等字亦字中協上字韻聯用。皆行爲動用力、做開展之意。如作難曰 [Manchu] 照鏡子曰 [Manchu] 推托曰 [Manchu] 動怒曰 [Manchu] 其餘 [Manchu] 字意皆同。換字叶韻耳。

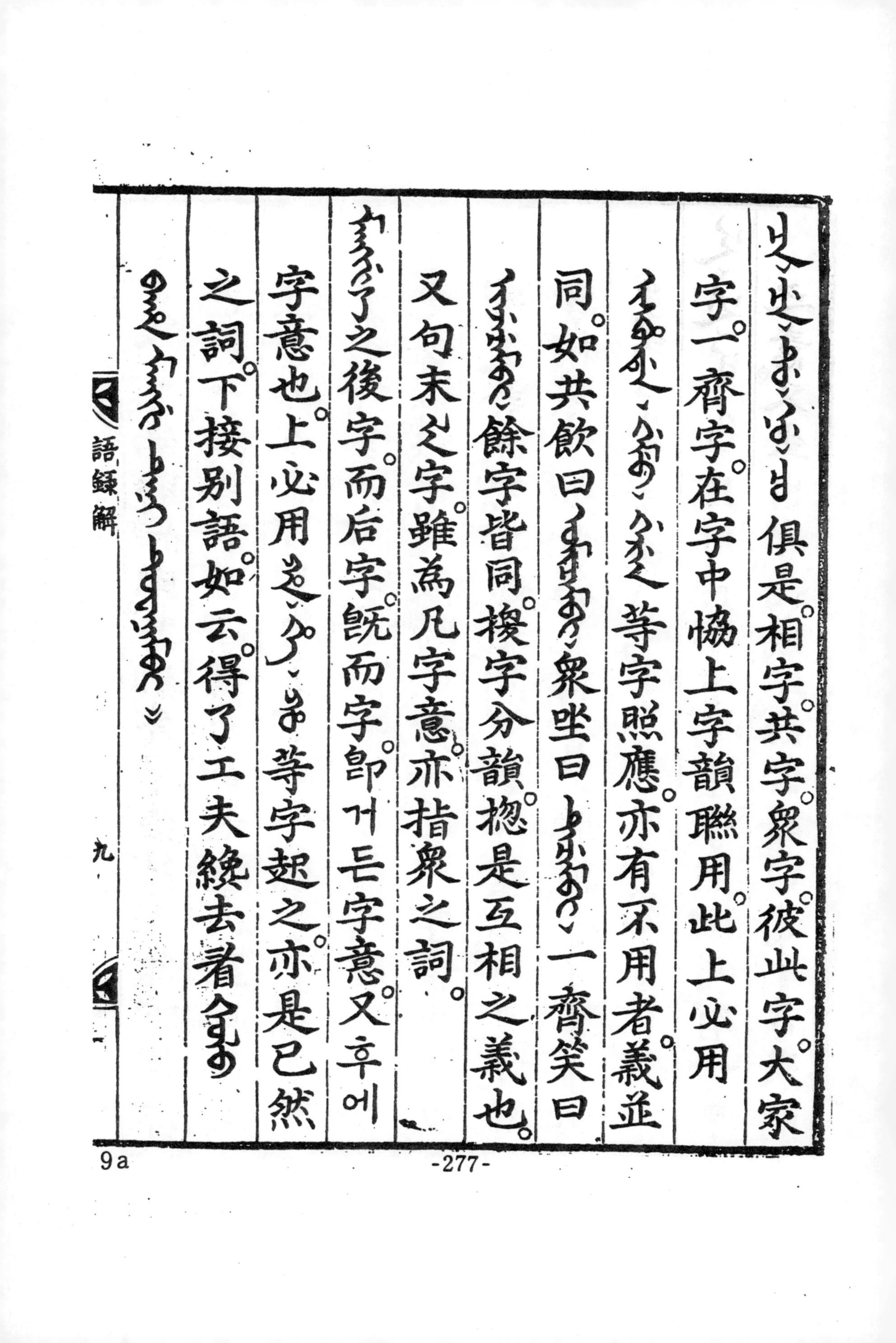

[illegible] 俱是相字共字衆字彼此字大家字一齊字在字中協上字韻聯用此上必用 [illegible]、[illegible]、[illegible] 等字照應亦有不用者義並同如共飲曰 [illegible] 衆坐曰 [illegible] 一齊笑曰 [illegible] 餘字皆同摟字分韻總是互相之義也

又句末 [illegible] 之字雖爲凡字意亦指衆之詞

[illegible] 之後字而后字既而字卽거든字意又후에字意也上必用 [illegible]、[illegible]、[illegible] 等字起之亦是已然之詞下接別語如云得了工夫纔去着 [illegible]

[illegible] 》

[Manchu] 了的時候字乃擬度事後結上起下語亦已然之詞卽ᄒᆞ면字意也如云事已至此怎麽樣了好 [Manchu] [Manchu] [Manchu] [Manchu] [Manchu] [Manchu] [Manchu] [Manchu] [Manchu]

[Manchu] 實解根前又彼時之意卽ᄒᆞᆯ제字意也上必因 [Manchu] 等未然字起之間有 [Manchu] 字接者比 [Manchu] [Manchu] 字稍緊些如云弟兄得會不勝歡喜 [Manchu] [Manchu] [Manchu] [Manchu] [Manchu] [Manchu] [Manchu]

[Manchu] [Manchu] [Manchu] [Manchu] 凡用於字中協上字韻聯用有去來之意又生出字長成字如去請曰 [Manchu] 來問

曰 [Manchu]、生蛋子曰 umhanambi 長穗子曰 suihenembi 之類。

[Manchu] [Manchu] 是卑者向尊者言也。懇乞字。望祈字。即亠리잇가字意也。如云望乞容諒 guwebureo [Manchu] 可得聞乎 donjici ombio。

[Manchu] [Manchu] 俱是麽字。乎字。歟字。又啊字口氣。俱係詰問疑詞。在字尾聯用。又 ni 字。亦揣度其不然之意也。大凡 [Manchu] [Manchu] [Manchu] [Manchu] [Manchu] [Manchu] 二頭之字。用在字尾。多係疑問之詞。

[Manchu]、[Manchu]、[Manchu]、[Manchu]、[Manchu]、[Manchu]、[Manchu] 俱是的

字者字。所以字。也者字。卽거시字意。又거슨字意也。皆隨上文帶出用之。如云。所以勸士

來者是何人

亦照已然未然分用。又有整語帶用者。如或者曰

之類。又作生成。已成字用。卽仁者曰

有才德的曰

之類也。

未字不曾字。卽아니字意。又呆ᄒᆞ다字意。如云。不來

不曾來

以韻分用。

恐其字恐怕字。卽ᄒᆞᆯ가字意。

在字

尾聯用。[illegible]在句尾單用。上必用[illegible]等字。如云。父母唯其病之憂[illegible]

[illegible]俱是。們字等字輩字。卽들字意也。在字尾聯用。如大人們曰[illegible]、民等曰[illegible]、男人們曰[illegible]、兄長們曰[illegible]、弟們曰

[illegible]文解作子字如麻子曰[illegible]、鬍子曰[illegible]之類也。

[illegible]俱是。每字。各字。卽식字意。又각각字意也。在字尾聯用。如云。每人各得布三疋綿一斤

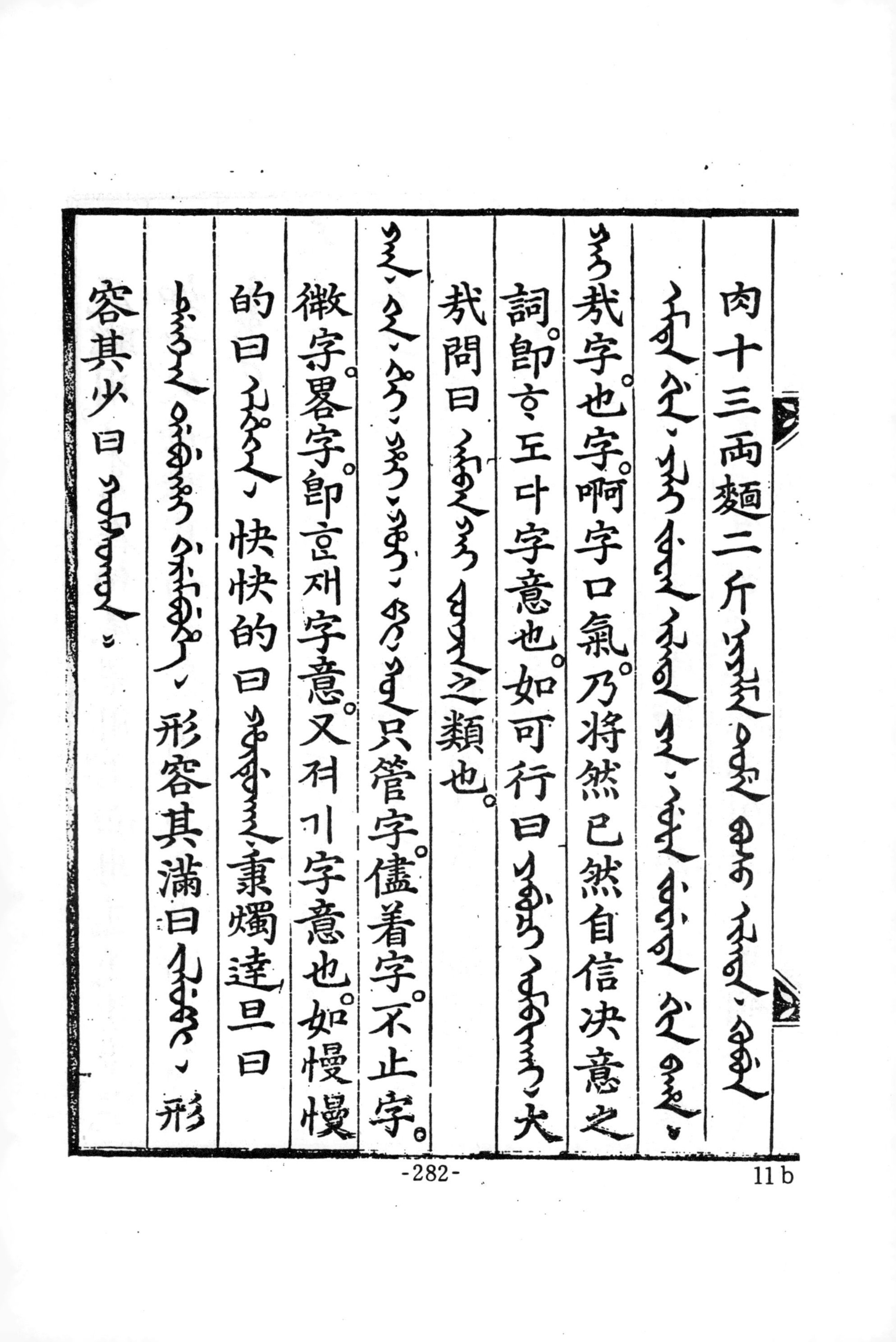

肉十三兩麵二斤 [Manchu]
[Manchu]
[Manchu] 字也。字啊字口氣。乃將然已然自信決意之
詞。卽ᄒᆞ도다字意也。如可行曰 [Manchu] 大
我問曰 [Manchu] 之類也。
[Manchu] 只管字。儘着字。不止字。
徹字。畧字。卽ᄒᆞᆫ재字意。又져기字意也。如慢慢
的曰 [Manchu] 快快的曰 [Manchu] 兼燭達旦曰
[Manchu] 形容其滿曰 [Manchu] 形
容其少曰 [Manchu]

ᡨᡠᡨᡨᡠ ᠰᡝᠴᡳᠪᡝ、ᡨᡠᡨᡨᡠ ᠪᡳᠴᡳᠪᡝ、ᡨᡠᡨᡨᡠ ᠴᡳᠪᡝ 作雖然字。卽비록
그러ᄒᆞ여도字意。又지라도字意。又ᄒᆞ나字意
也。又ᠴᡳᠪᡝ或逕於本話帶下。如ᡤᡝᠨᡝᠴᡳᠪᡝ之類。如
遇整語。則以ᠰᡝᠴᡳᠪᡝ承之。凡用ᠰᡝᠴᡳᠪᡝ者。在說字
上運意也。用ᠪᡳᠴᡳᠪᡝ者在有字上運意也。又有
上無ᠰᡝᠴᡳᠪᡝ止有ᠴᡳᠪᡝ者。此暗有雖字之意也。
ᡴᡝᠮᡠᠨᡳ ᠪᠠᡩᡝ作尚且字。ᠠᡳ ᡥᡝᠨᡩᡠᡵᡝ作而況字。凡連用此二
句。乃上下相呼應之法也。如云。堯舜尚且如此
ᠶᠣᠣ ᡧᡠᠨ ᡴᡝᠮᡠᠨᡳ ᡠᡨᡨᡠ ᠪᠠᡩᡝ、又有不拘呼應者。如云。
我尚且如此而況其他乎 ᠪᡳ ᡴᡝᠮᡠᠨᡳ ᡠᡨᡨᡠ ᠪᠠᡩᡝ

ᠪᠠᡩᡝ 又 ᠪᠠ ᡩᡝ 如作虛字用。念바더야。實解。

地方上。

ᡨᡝᡵᡝ ᠠᠩᡤᠠᠯᠠ 用於句首。作況且字。卽ᄒᆞ믈며字意。單用 ᠠᠩᡤᠠᠯᠠ 於句中句末者。作與其字。不但字。不惟字。卽ᄒᆞ모론字意。又ᄒᆞᆯ뿐아니라字意。此上必用 ᡵᠠ 等字。下必用 ᡳᠰᡳᡵᠠᡴᡡ 字應之。如云。埋怨於事後。不如小心於起初。 ᠪᠠᡳᡨᠠ ᡳ ᠠᠮᠠᠯᠠ ᡤᠠᠰᠠᡵᠠ ᠠᠩᡤᠠᠯᠠ ᡨᡠᡴᡨᠠᠨ ᡩᡝ ᠣᠯᡥᠣᠰᠣᡵᠣ ᡩᡝ ᡳᠰᡳᡵᠠᡴᡡ ᠉

ᡩᡝᡵᡝ 想是。罷咧字。使得。罷咧字。耳字。卽ᄒᆞ리라字意。此上必用 ᠠᡳᠨᠴᡳ 字照應。亦有不用者。乃省文之意

耳如云想必古禮就是這樣罷 [illegible]

[illegible]。

ᠴᡳ 自字從字由字卽으로셔字意也在字尾用之此ᠴᡳ字詞義實在乃實解起字也如云自外邊 [illegible] 從縫子裏 [illegible] 由驛站 [illegible]

[illegible]。

[illegible] 皆由彼至此之詞至於字到字卽도록字意也如 [illegible] 之類若遇整語則用 [illegible] 字承之如 [illegible] 之類是也

[illegible] 用於句末猶未字尚未字卽못ᄒᆞ여셔字

意也與[Manchu][Manchu]義同。如云。未完[Manchu]未出[Manchu]之

[Manchu][Manchu]作可傷可痛之可字意也。與[Manchu]字稍異。如可憂曰[Manchu]可怕曰[Manchu]之

[Manchu]作既然是之既字。在句尾用。乃設言未然之語。如云。我既然在此[Manchu][Manchu][Manchu][Manchu]之

凡聯字內在[Manchu][Manchu][Manchu]頭字下聯寫[Manchu]字念아。[Manchu]字念오。[Manchu]字念우。[Manchu]字念야。[Manchu]字念이。[Manchu]字念야。[Manchu]字念여。此等字若在別者頭兒字下相聯。不可照此讀念。

九ᠨ字。若隨在ᠠ ᡝ ᡳ頭兒下。念니。隨在別者頭兒字下。俱念이。獨是ᠣ ᡠ ᡡ頭兒字下。不可用ᠨ字。只用ᠩ字。再ᠣ ᡠ頭兒字下。有聯寫ᠨ字者。與單寫義同。別者頭兒字下。聯寫不得。只可單寫。在下隨用。

語錄解 終

清學舊有所謂物名是乃口耳
鄭傳一小冊也業是者病其訛謬
而莫或正之且百年矣本學訓長
玄同樞文恒悅甚有意於斯乃清
文鑑大清全書同文廣彙等書專
心用工發釐以正之閱六寒暑而編成
篇名之曰同文類解上自天文地理
人事百用下至飮食草木雜語俚談
各自分門彙類而解釋之雖細且多
而條理不亂習此書者與彼人接應

對如流是知舊物名、字多紕謬不提
擧大宗伯李公周鎭
題白開刊俾用於課試即能致之講
習日有成就則是書之有功豈不大
歟同學讐整官金振夏書寫官崔
重呂於是役也終始不懈而申之漢
相追加校訂盡得其精皆可嘉也已
書以識之卷末
戊辰冬月行副司直安命說題

漢學讐整官
前　正洪大成
前　正朴道貫
前　正邉　憲
清學讐整官
前判官金振夏兼監印
書寫官
前判官崔重呂
行判官皮載祿
前主簿李東億

前副奉事李寅德
前叅奉金漢翼
副司勇金漢奎
副司勇崔重逸
副司勇金履瑞
前衛　金漢盛
監印官
前奉事林齊栢
前叅奉李　城　兼書寫

깃치다<下:59a> 삽쥬<下:4a> 더덩이 지다<下:8a> 지달<下:20a> 지달ᄡᅳ다<下:20a> 가마오지<下:34a> 엇지<下:47b> 엇지ᄒᆞ여셔 <下:47b> 엇지ᄒᆞ리<下:47b> 문허지다<下:53a> 문허지게<下:53a> ᄧᅢ지다<下:53a> ᄢᅢ여지다<下:53a> ᄇᆞᄋᆞ지다<下:53a> 브러지다<下:53a> ᄯᅳᆫ허지다<下:53a> 터지다<下:53a> 맛지다<下:55b> 고치다<下:9a> 죵ᄀᆞ치<下:33b> 가몰치<下:41a> 그치다 <下:61b>

參考文獻

金東昭(1982), 同文類語 滿洲文語 語彙, 曉星女大 出版部.

朴恩用(1968), 同文類解 語錄解 硏究 -李朝時代 滿州語文法書에 대하여-, 曉星女大硏究論文集 1, 2.

______(1970), 同文類解 語錄解의 出典에 對하여, 國文學硏究(曉星女大) 3.

成百仁(1970), 景印本 '同文類解'에 대하여, 明知語文學 4.

______(1988), 同文類解와 漢淸文鑑, 한국학의 과제와 전망 I, 제5회 국제학술회의 세계한국학대회논문집, 韓國精神文化硏究院.

趙健相(1968), 同文類解의 國語史的 硏究, 忠北大論文集 2.

______(1970), 同文類解의 國語學的 硏究(上), 忠北大論文集 3.

______(1972), 同文類解의 國語學的 硏究(下), 忠北大論文集 5.

곧(處)<上:6b> 겯<上:9b> ᄆᆞᆫ아ᄌᆞ비<上:10a> 벋<上:12a> 볃<上:3a> ᄠᅳᆮ<上:21a> cf. ᄯᅳᆺ<上:33b> 받<下:1a> 낟<下:2a> 닫<下:18b> ᄭᅮ짇ᄂᆞᆫ<下:33a> ᄭᅮ짇다<下:33a>

3. 語中의 된소리를 표기하거나 앞뒤 단어의 속격 관계를 표시하기 위하여 어중에 ㅅ 을 단독으로 사용하고 있다. 앞 단어의 마지막 음절에 올려 쓴 경우는 거의 보이지 않는다.

立春ㅅ글<下:60a> 개ㅅ버들<下:43b> 결ㅅ단ᄒᆞ다<下:29a> 나모ㅅ결<下:44a> 낙시ㅅ대<下:12b> 년ㅅ밤<下:5a> 니ㅅ집<下:46a> ᄂᆞᄅᆞㅅᄇᆡ<下:18a> 드레ᄀᆞᄅᆞㅅ세<下:14b> 매ㅅ자곡<下:8b> 묏ㅅ비들기<下:34b> 방츄ㅅ돌<下:15a> 방하ㅅ고<下:2b> 뵈ㅅ북<下:17b> 부지ㅅ대<下:16a> 불도ㅅ 닥다<下:11b> ᄇᆡㅅ고믈<下:18b> ᄇᆡㅅ노<下:18b> ᄇᆡㅅ니믈<下:18b> ᄇᆡㅅ대<下:19b> ᄇᆡㅅ돗<下:18b> 사화ㅅ대<下:18b> 새 안ㅅ다<下:36a> 술ㅅ병<下:13b> 술위ㅅ 난간<下:19a> 술위ㅅ살<下:19a> 어ᄃᆡㅅ 것<下:47b> 일 주저안ㅅ다<下:31a> 잔ㅅᄃᆡ<下:13b> 쟌ㅅ득<下:53b> 쟝ㅅ대<下:21b> 쟝ㅅ빗<下:25b> 저울ㅅ대<下:15b> 결고ㅅ고<下:2b> 조ㅅ집<下:46a> 쵸ㅅᄃᆡ<下:15a> 코ㅅ도래<下:38b> 홍도ㅅ개<下:14b>

4. 圓脣母音化 表記를 일반적으로 보이고 있다.

붓도도다<下:1b> 붓도딜ᄒᆞ다<下:2a> 곳불ᄒᆞ다<下:6a> 부으름<下:7b> 술 붓다<下:10b> 부텨<下:11b> 불도ㅅ 닥다<下:11b> 독갑의 불<下:12a> 니불집<下:15b> 그릇 부싀다<下:16a> 풀무부다<下:16b>불 ᄧᅬ여 휘오다<下:18a> 붉다<下:25b> 붉으스러ᄒᆞ다<下:25b> 불상ᄒᆞ다<下:31a>불티다<下:37b>ᄆᆞᆯ ᄇᆡ부르다<下:38a>부어<下:41a> 부나븨<下:42b> 불희<下:44a> 잇부다<下:57b> 나모거풀<下:44a> 두에 더푸라<下:14a> 무겁다<下:22a> 무ᄉᆞᆷ<下:47b> 무ᄉᆞᆷ무ᄉᆞᆷ<下:47b> 무어세<下:48a> 무엇ᄒᆞᄂᆞᆫ 사ᄅᆞᆷ<下:47b> 문허지다<下:53a> 물고기<下:40b> 수풀<下:44b> 여무다<下:1b> ᄌᆞ무다<下:13a> ᄌᆞ물쇠<下:13a> 푸다<下:53b> 풀<下:45b>

5. t 구개음화 현상이 일반적이다.

년에 연세대학교 동방학연구소에서 다른 청학서 3종과 함께 영인하여 출판되었다.

이 책에 쓰인, 한국어를 표기하기 위한 한글표기에 나타나는 국어학적 특징을 들면 다음과 같다.

1. 어두된소리의 표기에는 ㅅ 계 합용병서를 주로 사용하고 있으며, ㅂ 계 합용병서는 ㅷ과 ㅄ에 국한하여 사용하고 있다. ㅷ 도 'ᄹᅳᆯ' 한 예에 불과하다. 각자병서는 ㅆ에 한하였으나 ㅆ은 엄밀한 의미에서 합용병서로도 볼 수 있어서, 이 문헌에서는 각자병서가 전혀 사용되지 않는다고 할 수 있다.

(1) ㅺ : 갓ᄭᅵᆫ<上:55a> 볼ᄭᅵ<上:55a> ᄭᅩᆺ다<上:30b> ᄭᅡ부다<下:2b> ᄭᅢᆺ목<下:3a> ᄭᅩ아리<下:5b> ᄭᆞ다<下:6a> ᄭᅮᆯ<下:17a> ᄭᅡᆨ다<下:18a> ᄭᅦ다<下:18a> ᄭᅩ리<下:35a>

(2) ㅼ : ᄯᅥ나다<上:27a> ᄯᆞᆯ기<下:5b> ᄯᅢ<下:56b> ᄯᅢ다<下:18a> ᄯᅥ러지다<下:54b> ᄯᅥ올으다<下:35b> ᄯᅥ혀내다<下:27a> ᄯᅥ혀먹다<下:27a> ᄯᅥᆯ티다<下:55a> ᄯᅦ<下:18b> ᄯᅩ<下:48b> ᄯᅩ애<下:15a> ᄯᅱ<下:46a> ᄯᅳ리<下:7a> ᄯᅳᆫ물<下:37a> ᄯᅳᆷ질ᄒᆞ다<下:9a> ᄯᅳᆺᄯᅳᆺ다<下:56b>

(3) ㅽ : 가리ᄲᅧ<上:16b> ᄲᅡ디다<上:8b> ᄲᅡ혀드다<下:29b> ᄲᅢ짓<下:36a> ᄲᅩᆼ나모<下:43b> ᄲᅮᆯ<下:38b> ᄲᅮᆯ니<下:52a>

(4) ㅾ : ᄶᅵᆫ밥<上:68b> 믈ᄶᅳ다<上:61b> ᄶᆞ는<下:3a> 불ᄶᅬ여<下:18a> ᄶᅩᆺ다<下:53b> ᄶᅵᆺ타<下:2b> ᄶᆞ다<下:25a> ᄒᆞᆫᄶᅩᆨ<下:58b>

(5) ㅷ : ᄹᅳᆯ<上:21a>

(6) ㅄ : 과실ᄡᅵ<上:6a> ᄡᅵ<下:1b> 일로ᄡᅧ<下:50a> ᄎᆞᆸᄡᆞᆯ<下:2a>

(7) ㅆ : ᄊᆞ눈<上:2b> ᄊᆞᆯ<下:2b> 좁ᄊᆞᆯ<下:2b> ᄊᆞᆯ알<下:3a> 씀바괴<下:4a> 쓸알히다<下:6b> 씃다<下:16a> 쓰다<下:16a> 쌍쌍이<下:21b> 과씸ᄒᆞ다<下:33b> 쌍필이<下:41b> 쏘다<下:42b> 쐬야기<下:43a>

2. 18세기의 다른 문헌에서는 볼 수 없는, 어간말음에 'ㄷ'을 사용하고 있다. 이러한 표기의 경향은 주로 역학서에서 두드러지게 나타나는 현상이다.

일한 책인지는 알 수 없다. 왜냐하면 '類解'와 '類集'은 거의 유사한 의미를 지니기 때문이다(예컨대 『方言類釋』을 『方言集釋』이라고 하는 것과 비교하여 볼 수도 있다). 특히 구전되어 오던 『物名』이라고 하는 작은 책자가, 『詩經』의 '物名'을 滿文으로 번역한 책이었는지는 알 수 없다. 그러나 『詩經』의 '物名'은 '類解'라고 할 수 없기 때문에 이러한 추측은 단지 추측에 지나지 않을 수 있다.

이 책은 그 크기가 세로 35.0 cm 가로 23.6 cm이고 四周單邊에 半葉匡郭이 세로 25.8 cm, 가로 19.3 cm이다. 有界에 10행으로 되어 있다. 版心魚尾는 上下二葉花紋魚尾이고 表紙題, 內題, 版心題 모두 '同文類解'이다.

상하 각권의 앞에 '同文類解目錄'이 나오고 각권의 本文이 시작된다. 下卷의 끝에 '語錄解'가 있고, 그 뒤에 安命說의 跋文과 讐整官, 書寫官, 監印官의 이름이 기록되어 있다.

어휘를 각항목별로 분류하여 上卷에는 天文 時令 地理 人倫 人品 身體 容貌 등 26類에 2448개의 어휘를, 그리고 下卷에는 田農 米穀 菜蔬 果品 疾病 醫藥 喪葬 등 29類에 2352개의 어휘가 실려 있어 모두 55개의 類에 4800개의 어휘가 실려 있는 셈이다. 본문은 10행의 各行을 上下 2단으로 나누어 각단에 1개씩 어휘를 수록하였는데, 각 어휘항목은 漢字로 표기된 中國語가 있고, 그 밑에 한글로 표기된 韓國語가, 그 밑에 ○ 로 표시한 아래에 한글로 轉寫된 滿洲語가 쓰이어 있다. 그리고 한국어를 표시하는 경우에, 중국어와 한국어가 동일할 때에는 중국어 한자 수효에 해당하는 수만큼 'ㅣ'로 표시하여 놓았다. 각 유별의 어휘배열의 순서는 일정하지는 않지만, 대개 그 유별에 해당하는 동작의 순서로 이루어진 것으로 보인다.

이 『同文類解』에 수록된 중국어 어휘는 蒙古語 學習書인 『蒙語類解』 上下卷에 수록된 것들과 대부분이 동일하다. 그리고 그 類別分類도 대동소이하다. 그러나 漢語 學習書인 『譯語類解』와는 많은 차이를 보인다.

이 책은 현재 서울대학교 규장각에 소장되어 있다. 그 책을 1956

同文類解 解題

洪 允 杓

1748년(英祖 24년)에 玄文恒이 滿洲語 通譯官들의 學習用으로 편찬하여 司譯院에서 上下 2卷 2冊의 木版本으로 간행해낸 滿洲語 語彙集이다. 이 책의 간행경위는 이 책의 末尾에 있는 安命說의 跋文에 의하여 알 수 있다.

이 跋文에 따르면, 『同文類解』가 간행되기 이전에 口傳되어 오던 『物名』이라는 책이 있었으나 訛謬가 많아서 만주어를 학습하려 하는 사람들에게 큰 병폐가 되었다. 백여년 뒤에 司譯院 訓長인 玄文恒이 이에 중국에서 간행된 책인 『淸文鑑』, 『大淸全書』 『同文廣彙』 등을 참고하여 6년여에 걸쳐 編成하여 이를 『同文類解』라고 하였다고 한다.

> 淸學舊有所謂物名是乃口耳 郵傳一小冊也 業是者 病其訛謬而莫或正之且百年矣 本學訓長玄同樞文恒旣然有意於斯得淸文鑑 大淸全書同文廣彙等書 專心用工釐以正之閱 六寒暑而編成焉名之曰同文類解
> <同文類解 跋文>

그런데 『通文館志』의 기록에 의하면, 1691년(肅宗 17년)에 李海吳相采 鄭萬濟 등이 비용을 염출하여 『同文類集』이란 책을 간행하고 그 木板들을 司譯院에 보관하였다고 한다.

> 同文類集板 康熙辛未淸學官李海吳相采鄭萬濟捐財刊板藏於該學
> <通文館志 卷8 什物條 8a>

현재 이 『同文類集』이 失傳되어 이 『同文類集』이 이전에 口傳되어 오던 『物名』인지, 아니면 『同文類解』와 유사한 책인지, 또는 동